P. DE SÉNANCOUR

De l'Amour

CONSIDÉRÉ DANS LES LOIS RÉELLES
ET DANS LES FORMES SOCIALES
DE L'UNION DES SEXES

> Étudie l'homme et non les hommes.
>
> PYTHAGORE.

NOUVELLE ÉDITION

PRÉFACE DE FRANÇOIS DE NION

PARIS

L'ÉDITION MODERNE – LIBRAIRIE AMBERT

47, RUE DE BERRI, 47

De l'Amour

PRÉFACE

—

Sénancour n'est plus guère connu à notre
époque que par son roman philosophique
d'Obermann. Obermann balança longtemps
la réputation de René de Chateaubriand avec
lequel il n'est pas sans rapports. Mais combien parlent de ce livre qui ne l'ont pas lu !

Ce livre de désenchantement et d'amertume
fut écrit par Sénancour en 1804, alors que,
ruiné par la Révolution, il s'était retiré sur les
bords du lac de Genève et y menait à trente-
quatre ans une existence morose et maussade.
Peut-être l'influence du Léman, déprimante
pour certaines natures, doit-elle être comptée
pour quelque chose dans cet état d'esprit qui
pourtant participe à la généralité intellectuelle de l'époque. Il est curieux de constater,
en effet, que ces années de guerre, de boulever-

sement d'Empire, cette fièvre d'action, cette atmosphère de brumes sanglantes, traversée au galop par le cheval blanc de Bonaparte, tout cela correspond en littérature avec une période de découragement, de renoncement, de désespérance, — factice ou vraie, — qui semble l'expression même d'une humanité lassée et d'une âme vaincue.

Et l'on comprend l'indignation de Napoléon, cette incarnation de l'énergie, quand sous la tente il parcourt les écrits de ceux qu'il appelle dédaigneusement les idéologues.

Pourtant c'est cette idéologie qui semble triompher aujourd'hui du maître impérieux de la victoire ; peu à peu elle a émietté son œuvre, l'a réduite en poudre ; elle a usé le granit et miné les fondations. Mᵐᵉ de Staël qu'il persécuta, Chateaubriand qu'il éloigna, Sénancour qu'il oubliait ont contribué à former, — même pour ceux qui les ignorent, — la mentalité philosophique moderne. Leurs livres peuvent être inconnus de la masse, ils la pénètrent et la dirigent ; certains fluides que la science même ne put définir agissent ainsi sur l'univers.

Après Obermann, Sénancour écrivit un curieux et subtil traité de l'amour considéré dans les lois réelles et dans les formes sociales de l'union des sexes. « *De toutes les questions de la morale, a-t-il dit dans un avertissement, la plus grande et l'une des plus difficiles est celle de l'union des sexes.* »

Il ne faut pas s'attendre, en parcourant ces pages, à y trouver ces adroites pornographies qui se cachent sous des prétextes de discussions sociales ou métaphysiques. Sénancour aborde tous les détails que son sujet comporte avec la plus franche résolution, mais jamais on ne perçoit, dans son audacieuse liberté, ce sous-entendu qui fait de l'amour l'érotisme. Sa muse austère est nue, parfois ; elle n'est jamais dévêtue.

« *Ce sujet, déclare-t-il encore, — avec une certaine présomption qui n'est pas sans grandeur et se trouva justifiée, — n'a été traité chez aucun peuple, d'une manière grande et totale, comme il devait l'être ici.* »

.∵.

Ce livre de l'Amour, — et non pas d'amour, — est un livre d'indépendance et de bonne foi ;

*sans doctrine préconçue, sans thèse systéma-
tique, Sénancour s'attaque à tous les problèmes en homme du XVIIIᵉ siècle, ne recher-
chant pas le paradoxe, mais ne craignant pas
de combattre les idées reçues. Il discourt lé-
gèrement, — je prends ici léger dans le sens
d'élevé et de supérieur, — sur les formes de la
passion, la présence du devoir et même les
nuances diverses des plaisirs, des jouissances,
prononce-t-il avec désinvolture. Son style, très
éloigné de la forme déclamatoire si caractéristique de l'époque, est net et ferme, souvent
assez rapproché de notre écriture moderne,
mais tenant surtout le milieu entre la manière
de Rousseau et celle de Volney. Très nourri
d'antiquité, il sait nous persuader sans violence dogmatique ; sa séduction est dans sa
sincérité. A chaque page, du reste, on trouve
des « morceaux » qui peuvent être placés
parmi les plus belles « proses » de notre
langue.*

*Je veux encadrer celui-ci au centre de cette
étude, parce qu'il résume et définit tout l'esprit
et tout le style du livre.*

DE LA JOUISSANCE

« *Quel moment pour une femme! Elle dispose des illusions, des espérances et des voluptés! Elle donne le bonheur et le donne avec
plénitude, puisqu'elle pourrait le refuser,
puisque le donner est une volupté pour elle-
même! Elle voit, elle permet, elle augmente
les désirs qu'elle cause, un espoir qu'elle
excite. Elle est aimée comme si elle s'oubliait
elle-même; elle est aimée davantage quand
elle veut ce qu'elle daignait souffrir, quand
elle commence à rendre ces caresses que seulement elle ne repoussait pas, quand elle presse
l'instant jusqu'alors différé, quand elle cède
elle-même à ces mouvements passionnés qu'on
croit à peine lui faire connaître.*

« *Quel homme fait pour sentir, n'a pas
trouvé dans les bras d'une amie ce que le reste
de la terre ne contient point! Quel charme
dans cette progression brûlante et pourtant
prolongée, pleine de désirs et de mystères,
d'incertitude, de confiance et de besoin, qui*

dévoile ce sein, dernière expression de la beauté terrestre, qui l'amène dans les bras libres et nus d'une amante agitée, passionnée, heureuse, entraînée, abandonnée dans les songes, belle de l'oubli des choses et toute émue d'harmonies voluptueuses ! »

*
* *

Voici, à travers les chapitres et les pages, une esquisse, — aurait-il écrit — des théories de Sénancour sur ce qu'un moderne a appelé le besoin d'aimer, un titre de livre, disait Banville, à faire reculer les étoiles. Ce besoin, notre auteur l'établit et l'admet. On sent pourtant qu'il aimerait à lui tracer des limites et à l'enfermer dans des lois. Il indique aussi la différence immense qui sépare le sentiment dans l'homme et dans la femme. C'est un parallèle amusant dans le goût du temps tracé avec verve.

Un peu plus tard son scepticisme matérialiste assure que la jalousie naît de ce seul sentiment que celui qui laisse sa compagne à un autre ne le souffre que par impuissance. Par

contre il n'approuve pas les préceptes de chasteté rituelle et professe à cet égard les mêmes
opinions que Voltaire : « La continence est
chez les chrétiens la vertu par excellence ; en
quoi je ne la comprends pas, dit Usbeck, ne
sachant ce que c'est qu'une vertu dont il ne
résulte rien. »

Je note en suivant l'ordre des chapitres une
dissertation curieuse et sans la moindre pé-
danterie sur les mœurs antiques en fait
d'amour ; déjà dans les conclusions on peut
voir se refléter une doctrine, malheureusement
trop mise en pratique aujourd'hui, qui venait
à peine d'être formulée et à qui on a infligé le
nom barbare de Malthusisme.

Je passe sur des détails particuliers que Sénancour paraît aborder avec un peu de com-
plaisance, mais qu'il pare d'un style tempéré
par les grâces et j'en arrive à cette question si
actuelle et si grave, qui provoque les réflexions des moralistes et aussi des parents
ayant charge d'âmes : de l'ignorance en
amour dans laquelle on cherche à maintenir
la jeunesse.

Sénancour est à ce sujet d'accord avec
MM. Marcel Prévost et Victor Margueritte. Le

premier des deux a dit, je crois, que c'était l'effet d'une certaine lâcheté chez les pères et mères que de laisser à d'autres le soin de révéler à leurs enfants les matérialités de l'amour.

En 1805, le philosophe du Léman déclare : « L'ignorance des choses est presque la seule source des fautes de celui qui pense et qui veut. » Il veut que ceux qui dirigent la jeunesse disent les choses telles qu'elles sont, pour éviter la curiosité, la demi-science, « pour éviter tant de maux qui se mêlent à ces biens exagérés par l'illusion ».

Le problème est difficile à discuter, il comporte autant de solutions qu'il y a de caractères et de tempéraments. Je sens toute la justesse des opinions de Sénancour et des penseurs qui l'ont suivi, mais j'en crois aussi les impulsions d'un instinct qui ne trompe guère et qui crie au père comme à la mère : laisse, tant que tu le pourras, la divine innocence habiter le cœur de tes enfants ; plus un parfum pur est resté longtemps dans un vase et plus longtemps ce vase gardera cette bonne odeur qui combat et éloigne les fétides relents.

Je signale, en passant, vers la fin du volume, un chapitre énergique dont l'idée et le

sentiment sont demeurés singulièrement nouveaux encore après tant de lecteurs et après
tant d'années. Sénancour parle de la lutte
entre les deux sexes et il nous présente cet
antagonisme sous des couleurs impression-
nantes: D'un côté, c'est le mâle, offensif, violent, brutal, dans la libre expansion de son
instinct, mais assagi par le carcan des lois,
par les conseils des mœurs enveloppant son
attaque d'adresse, de subtilité, de dissimulation ; de l'autre, la femme à qui la nature inspire le besoin de se défendre et de se faire désirer pour choisir, accepter le plus fort, le plus
ingénieux, le plus beau, lois souveraines de
l'Espèce qui nous égarent dans leur préoccu-
pation égoïste d'amélioration et de perfectionnement. L'homme triomphe et s'amuse, la
femme est une victime vaincue. La conclusion
de Sénancour est attristante : « Femmes sincères et aimantes, belles de toutes les grâces
extérieures et des charmes de l'âme, si faites
pour être purement, tendrement, constamment aimées !... n'aimez pas. »

* *
* *

C'est à peu près sur ce mot de désenchantement que se termine cette œuvre qui, par certains côtés, rappelle le livre de Stendhal,
d'ailleurs bien postérieur, sans en avoir la sé-
cheresse et le ton cassant. M. de Sénancour,
lui, est plein d'onction et de tendresse, il
semble vénérer l'amour de loin, comme une
divinité, adorée mais redoutable, dont il chérit
les bienfaits, mais dont il redoute les caprices.

Dans le dialogue de Platon où Socrate
parle de l'amour, il voile à demi son visage.
Le philosophe du Léman n'en a pas fait autant, ses yeux sont libres et peuvent se porter
à découvert sur le sujet qu'il a entrepris
d'examiner et de décrire ; nous n'aurons pas
cependant à baisser les nôtres après avoir
fermé les pages de ce volume. Tous les livres
ne doivent pas être écrits pour les vierges, car
alors la pensée ne serait que timidité et défiance ; mais tous doivent être faits pour les
honnêtes gens qui ne veulent point rougir de
ce qu'on leur offre à méditer.

On conte que Sénancour, sur la fin de sa vie,
— il ne mourut qu'en 1846, — s'entretenant
avec sa fille, Virginie, lui demanda quel livre
elle préférait parmi ceux qu'il laisserait et
qui durerait le plus sûrement dans l'esprit des
hommes. Virginie avait publié des romans
où quelque originalité se mêle à beaucoup
d'ennui, mais elle avait du bon sens en même
temps que de l'esprit. Ces deux qualités sont
aisément conciliables. Le père croyait qu'elle
allait répondre : Obermann, qui était alors
son plus beau titre de gloire, mais il fut bien
étonné d'entendre l'auteur de **Pauline de Sombreuse** lui dire :

— C'est **De l'Amour**.

— Pourquoi donc ?

— Parce que l'amour est éternel.

La piété filiale enveloppait-elle de spirituelle
ambiguïté un jugement plus sévère qu'on ne
l'attendait ou ce mot était-il l'expression d'un
sentiment sincère ? En terminant ces pages,
j'opine pour la seconde de ces suppositions ; je
laisse au lecteur à juger si j'ai tort ou si j'ai
raison.

FRANÇOIS DE NION.

De l'Amour

L'EDITION MODERNE

AVANT-PROPOS

L'homme ne connaît que des rapports ; les essences restent inaccessibles à ses moyens : il choisit des modifications, il détermine des facultés.

Dans son action sur les êtres matériels, il calcule les proportions, il combine des différences, il essaie des effets, et son industrie prépare ce qu'il croit propre à l'agrément de sa vie : c'est l'*Art*.

Dans les qualités des êtres, dans les rapports moraux, sa puissance intellectuelle observe et

suit les lois de la marche du monde, elle cherche
ces convenances nécessaires dont l'ensemble est
l'ordre éternel : c'est la *Science*.

De toutes les questions particulières de la
science, c'est-à-dire de la Morale, la plus grande
et l'une des plus difficiles est celle de l'*Union
des Sexes*. Je ne vois qu'un livre plus important
à faire, c'est celui dont le Traité de l'Amour ne
serait qu'une partie. Si j'avais exécuté cet ouvrage que nul n'a encore entrepris, et dont ce
volume-ci n'est qu'un article, si je l'avais écrit
tel que j'ai osé le concevoir, assurément je ne
dirais pas un mot de moi. Mais les hommes qui
auraient pu vouloir que je le fisse, n'y ont pas
songé ; les événements laissés à leur cours
naturel, ne l'ont pas permis, et peut-être ne le
permettront point : l'indépendance ne suffit point.

Si l'article sur l'Amour était achevé ; si, ne
me promettant guère de faire l'ouvrage entier,
j'en donnais du moins cette partie telle qu'elle
devrait être, je poserais une pierre pour d'autres
siècles : mais je ne prétends rien. Voici l'essai
tel qu'il a été écrit d'abord, à l'exception des
seuls changements indispensables. Qu'il pro-

duise quelque utilité secrète et individuelle, cela
du moins est possible. Si ce n'est pas tout ce
que je désirerais, c'est tout ce que j'attends : je
n'ignore pas assez ce qu'on eût pu faire, pour
croire l'avoir fait.

Le public est trop souvent fatigué d'excuses
fausses ou rebattues, mais l'on sait qu'ici ce
n'est même qu'une partie de la vérité. Le peu
que je dis était nécessaire pour justifier la faiblesse de ce livre sur un sujet qui n'a été traité
chez aucun peuple d'une manière totale et
grande, comme il devait l'être ici.

Pour le style, on sentira trop que je ne puis
en être généralement satisfait : je ne veux point
le défendre, surtout dans des parties très né-
gligées. J'observerai seulement que plusieurs
expressions, d'une hardiesse réputée poétique,
ne sont pas toujours déplacées en prose : cela
dépend et du genre de cette prose, et de l'objet
dont on parle. J'ajoute que des consonnances
qu'on pourrait trouver peu faciles, ne sont pas
toujours une incorrection ; quelquefois on les
laisse avec intention : c'est la manière du lecteur qui en décide l'effet.

Les publicistes diront : Le peuple de Londres, de Paris et du Caire est le même ; il lui faut des fêtes et du pain, du luxe et de la misère ; les réformes en morale sont des rêves plausibles, mais dont l'épreuve, si on la tentait jamais, bouleverserait tout, sans pouvoir rien établir. Mais on leur demandera si les hommes sont tous dans les villes de quatre cent mille habitants, ou dans les campagnes voisines qui les servent? Ils prennent trop souvent pour l'espèce humaine les gens bien vêtus et bien instruits, qui se font promener vers les Italiens, ou les gens bien laborieux, bien économes, bien serviables, qui vont danser à Ménilmontant. On est forcé de leur rappeler que le genre humain n'est pas là tout entier. Le caractère de notre espèce est extrêmement souple, et les formes les plus aimables ou les plus commodes ne sont pas les seules qu'il lui soit naturel de prendre. Ce n'est point dans la galerie la plus ornée d'un palais qu'on se place pour lever le plan de l'édifice entier ; c'est dans l'indépendance, c'est loin de la société que l'on doit en chercher les lois universelles.

Quelques-uns prétendent que tout est suffisamment connu en morale ; je suis loin de penser ainsi. D'autres disent qu'il n'y a point de remède, et que le cœur de l'homme est ainsi fait : cette décision tranchante serait fort bonne sur la scène, dans la bouche d'un valet philosophe. Le raisonnement qui amène cette utile conclusion, c'est apparemment celui-ci : Nos institutions ne peuvent être que sages et bonnes ; nécessairement nous avons fait les meilleures lois possibles ; cependant les hommes sont presque tous et nuisibles et malheureux, donc ils sont inévitablement méchants.

Les conceptions morales et politiques sont les plus grandes pour l'esprit humain, car ce qui est grand, c'est ce qui est utile. L'art des sciences exactes est difficile et admirable, mais ce n'est qu'un art. La vraie science, c'est la science de l'homme : le reste n'est que de l'industrie ; c'est une utilité du second ordre. L'industrie, fût-elle prodigieuse, ne peut produire un vrai bien, si ce n'est par des résultats indirects. Quand elle étend et rectifie les idées, elle nous rapproche de l'utile ; quelquefois de savantes

erreurs ne peuvent être écartées que par une
science plus ingénieuse encore.

Il est vrai que le génie peut atteindre rapidement aux principes les plus naturels de l'organisation des Cités, tandis que la plus heureuse
aptitude n'avance que lentement sur la trace des
Euler et des Leibnitz. Mais si l'un de ces talents
est plus long, plus difficile, l'autre est plus rare
et donné à moins d'hommes. Pythagore et Confucius ont mieux servi les hommes que Newton
même ; et j'irais jusqu'à mettre le *Traité des
délits et des peines* avant le livre *des Principes*.

La pensée du véritable écrivain est consacrée
à l'utilité publique. Sans dédaigner les arts ingénieux, il n'aspire point à ce genre de succès que
l'esprit donne. Sa marche est plus grande, ses
intentions plus généreuses ; rarement il songe à
plaire. Tous les temps seront sous ses yeux, et
l'éphémère réputation d'un bel esprit inutile au
monde, n'aura rien qui puisse le flatter. Il s'agit
bien des jouets de la vie littéraire, tant qu'il y
a sur la terre une morale incertaine, un système
trompeur de perfectibilité, une industrie turbu-
lente, un masque universel couleur riante à la

fois et sinistre comme la gaîté du désespoir, et
sous laquelle cent millions séduits sont sacrifiés
à mille privilégiés qui n'en profitent pas !

Que sert cette renommée lointaine, et quel si
grand avantage cette vanité d'un siècle aura-t-
elle sur tant de vanités d'un jour ? A peine tout
ce mouvement mène-t-il à prendre une attitude
un peu plus gracieuse dans les ténèbres du
tombeau.

Muley-Ismaël vivra-t-il moins que Trajan ?
Une longue vénération ranime-t-elle les cendres
de Confucius ? Le remords a-t-il fait gémir celles
de Caligula dans l'urne refroidie ? L'univers
n'est rien pour l'homme mort ; mais le devoir
n'en est pas moins la plus belle destination de
la vie, puisque c'est la conscience du bien qui
fait seule la paix de nos jours. Soyez utiles, non
pas pour qu'on vous nomme avec honneur
quand vous ne l'entendrez point, mais pour que
le bien soit fait, et que vos jours présents soient
consolés.

Les livres ne mènent point le monde, a dit
Voltaire ; cela peut être vrai : mais ailleurs il dit
que tous les peuples obéissent à des livres, et

cela est plus juste. Les livres ne remuent pas le monde, mais ils le conduisent secrètement. Les moyens violents ont des effets plus sensibles, mais moins durables. Un incendie extérieur frappe les yeux, il dévore rapidement, mais il s'éteint bientôt. Si une mine inflammable reçoit une étincelle qui l'allume lentement, un siècle plus tard elle peut se trouver embrasée tout entière.

Trouvera-t-on déplacé que je parle de l'utilité des Écrits, en ne donnant qu'une ébauche seulement, et sur une seule des grandes questions de la morale ? Mais j'ai dit mon excuse en général, et quant à ceci, la réponse est simple : il est visible qu'en parlant d'un livre parfaitement utile, je ne puis parler du mien.

Je ne dis point qu'un devoir rigoureux oblige à n'écrire que sur des sujets toujours graves, et dans un style toujours mâle. Les erreurs qui influent sur le sort et sur la moralité de l'homme peuvent être combattues sous toutes les formes qu'elles prennent.

« Dans le Dialogue de Platon, où Socrate parle de l'Amour, il voile à demi son visage : pour

quoi cette simagrée ? dit Saint-Lambert : elle
m'a toujours déplu. L'Amour qui reproduit tous
les êtres, à qui nous devons tant de plaisirs et
d'idées, qui est en nous un principe d'activité
si fécond, qui change, altère ou perfectionne
toutes les formes des sociétés, ne peut être oublié de la philosophie. L'Amour, dit encore Saint-
Lambert, est une des principales causes des
vertus ; elles arrivent presque toutes les unes
après les autres dans l'âme qui a pris l'habitude
d'aimer. L'Amour d'un sexe pour l'autre nous
donne, pour ainsi dire, un autre amour de nous-
mêmes ; il transporte notre amour-propre dans
les autres. »

On peut, on doit peindre les abus particuliers
comme la dépravation publique. Ce n'est pas
seulement par des reproches généraux tant ré-
pétés, que l'on ramène l'homme, mais en prouvant la déviation jusque dans les ridicules de
la vie privée.

Montrez-nous l'habitant de ces plaines que
nous disons heureuses, parce qu'elles ont de
riches moissons, montrez-le-nous respectueuse-
ment étonné devant le plus gauche des hypo-

crites, et le bourgeois des grandes villes, cet
homme favorisé selon nous dans les lieux et
dans les temps ! ôtez le bandeau de l'habitude :
je veux que l'on voie à nu la petite ambition,
les idées niaises, les désirs ridicules et le plaisant bonhéur du Monsieur que nos pauvres
envient.

Peignez toutes les choses bonnes, même les
moins importantes, décrivez les plus petits accidents de la Nature. Que l'on fasse jusqu'à des
vers agréables, que l'on en fasse même sur des
riens, mais qu'enfin ces riens aient un but.
L'Écrivain utile peut n'être pas toujours élevé,
mais ne saurait-on conserver jusque dans les
amusements de l'esprit quelques intentions de
cette Sagesse qui désabuse ou qui console ?
Pourquoi mettre en mesure pour la cent millième
fois ce petit nombre de mots dont les Demoustier
tirent un si joli parti, mais qu'on trouve diverse-
ment retournés dans toutes les pièces fugitives
du quartier ? Que sert aux hommes ce jargon
versifié ?

Il faut amuser, direz-vous : nous leur offrons
ce qu'ils aiment. Dites-leur bien plutôt ce qu'il

faudrait qu'ils aimassent. C'est le siècle qui règle
la manière des hommes de lettres, mais les
Écrivains font ou préparent le siècle.

Les ténèbres sont éclaircies jusqu'à un certain
point, mais il reste encore des nuages épais. Ne
voudrez-vous pas être les défenseurs et les bien-
faiteurs de l'homme, les législateurs de l'homme
moral? Qui peut vous dire si un jour ne viendra
point où une peuplade reculée, ou même l'une
des nations les plus séduites, recevra des formes
meilleures, et s'il ne se trouvera jamais un
homme qui veuille la prospérité réelle d'une
contrée sur laquelle il aura obtenu du pouvoir
ou de l'influence? Celui qui n'ose pas lutter
quelquefois contre l'habitude présente des esprits, ne fera jamais servir à des desseins utilés
la puissance lente et irrésistible de l'Opinion.

PREMIÈRE PARTIE

DE L'AMOUR CONSIDÉRÉ DANS L'HOMME

DES PASSIONS

Les affections humaines sont les mouvements excités par des rapports sentis, selon cette harmonie qui lie tous les êtres dans une dépendance mutuelle. Le principe est simple, la fin est une : les moyens sont les modifications nombreuses de deux forces opposées. Cette concordance des contraires est une de ces lois premières qui sont en nous, et que nous croyons reconnaître partout dans la nature où tout semble être analogie.

Le principe est l'unité, l'intensité du *moi* : là cause est le mouvement général de l'agrégat ; les moyens sont dans l'action des objets extérieurs, et cette action est double.

La moralité de l'homme est une partie du

monde abstrait. Cette harmonie s'établit d'après
les concepts des rapports qui nous sont propres
dans les qualités, les proportions et les effets des
concrets considérés en nous et selon nous.

L'homme s'aime lui-même, il aime l'homme,
il aime tout ce qui est animé. Cet amour paraît
nécessaire à l'être organisé : c'est le mobile des
forces qui le conservent.

L'homme s'aime lui-même : sans ce principe
actif pourquoi agirait-il, et comment subsiste-
rait-il ?

L'homme aime les hommes, parce qu'il sent
comme eux, parce qu'il est près d'eux dans
l'ordre du monde : sans ce rapport, quelle serait
sa vie ?

L'homme aime tous les êtres animés. S'il cessait de souffrir en voyant souffrir, s'il cessait de
sentir avec tout ce qui a des sensations analogues
aux siennes, il ne s'intéresserait plus à ce qui ne
serait pas lui, il cesserait peut-être de s'aimer
lui-même. Sans doute il n'est point d'affection
bornée à l'individu, puisqu'il n'est point d'être
réellement isolé.

Si l'homme sent dans tout ce qui est animé,
les biens et les maux de ce qui l'environne sont
aussi réels pour lui que ses affections person-

nelles ; il faut à son bonheur, le bonheur de ce qu'il connaît ; il est lié à tout ce qui sent ; il vit dans le monde organisé.

Cet enchaînement de rapports dont il est le centre, et qui ne peuvent finir entièrement qu'aux bornes du monde, le constitue partie de l'univers, unité numérique dans le nombre de la nature. Le lien que forment ces liens personnels est l'ordre du monde; et la force qui en perpétue l'harmonie est la loi naturelle. Cet instinct nécessaire qui conduit l'être animé, passif lorsqu'il veut, actif lorsqu'il fait vouloir, cette partie des lois générales est pour lui la loi suprême. L'obéissance raisonnée à cette loi serait la science de l'être qui voudrait librement. Si l'homme est libre en délibérant, c'est la science de la vie humaine : ce qu'il veut lorsqu'il est assujetti, lui indique comment il doit vouloir lorsqu'il est indépendant.

Un être isolé n'est jamais parfait ; son existence est incomplète ; il n'est ni vraiment heureux, ni vraiment bon. Le complément de chaque chose fut placé hors d'elle, mais il est réciproque. Il y a une sorte de fin pour les êtres naturels : ils la trouvent dans cet accord harmonique qui fait que deux corps rapprochés sont féconds, que deux sensations mutuellement partagées deviennent plus heureuses. C'est dans cette harmonie que tout ce qui existe s'achève, que tout ce qui est animé se repose et jouit. Ce complément de l'individu est principalement dans l'espèce. Dans l'homme, ce complément a deux modes analogues et dissemblables ; l'homme a deux manières de sentir sa vie, Amitié et Amour : le reste est douleur ou fumée.

Toute possession que l'on ne partage point exaspère nos désirs, sans remplir nos cœurs : elle ne les nourrit point, elle les creuse et les épuise.

Pour que l'union soit harmonique, celui qui jouit avec nous doit être et semblable et différent. Cette convenance dans la même espèce se trouve ou dans la différence des individus, ou dans l'opposition des sexes. Le premier accord résulte de deux êtres semblables et différents, avec le moindre degré d'opposition et le plus grand de ressemblance. Le second est produit par la plus grande différence possible entre des semblables. Tout choix, toute affection, toute union, tout bonheur est dans ces deux modes. Ce qui s'en écarte, peut nous séduire ; mais nous trompe et nous lasse : ce qui s'en écarte davan-

tage, nous égare et nous rend vicieux ou malheureux.

Nos passions demandent ou repoussent : toutes
sont de l'amour ou de l'aversion. L'Aversion est
une force de résistance : elle doit avoir plus de
ténacité ; ce soin conserve l'individu. L'Amour
est une force active ; ce besoin doit être plus
impétueux, c'est le lien du monde.

La perpétuité de l'espèce paraît être l'intention
de la nature. La conservation de l'individu n'est
qu'un soin indirect. Ainsi la loi qui entraîne les
individus à former l'espèce, est le besoin le plus
impérieux de leur organisation : l'amour d'un
sexe pour l'autre est le premier mobile, l'Amour
proprement dit.

Le besoin d'aimer subsiste chez ceux même
qu'on pourrait croire étrangers aux affections aimantes : on en retrouve des modifications plus
cachées dans les cœurs les plus austères, dans
les tempéraments les plus froids, et jusque dans
l'âge éteint. Souvent l'erreur ou les singularités de l'amour sont encore la passion secrète
et méconnue de l'infortuné qui oublie l'amour,
de l'atrabilaire qui le fuit, du fanatique qui le
méprise.

Les sentiments sont des effets indirects du besoin physique. Ils sont le produit des habitudes, des traces laissées par l'effort des sens vers les êtres vivants et par la réaction de ces êtres, qui rend ces rapports compliqués ou détournés. Le besoin de fixer ces incertitudes et de voir concourir ces volontés extérieures avec la nôtre, est un besoin moral qui, dans ses applications particulières, devient sentiment. Les affections les plus délicates sont encore des produits de l'appétit animal, ce sont des résultats accessoires ou déguisés. Mais ces affections n'auront jamais une autre cause que les besoins du corps : nos sensations les plus simples, et, si l'on veut, les plus grossières, en seront les seuls objets, lors même que ces affections n'indiqueront pas positivement le but où elles entraînent les sens, lorsqu'elles en dissimuleront l'émotion produite par elles-mêmes ; lorsqu'elles seront décentes, ingénieuses, pleines de grâces, qu'elles paraîtront éloignées de ce qui est sans noblesse ou sans voile naturel, lorsqu'elles resteront inaccessibles au tempérament brusque, au cœur stérile, à l'organisation imparfaite.

Nous n'avons plus de législateurs. Quelques anciens avaient entrepris de conduire l'homme par son cœur : nous les blâmons, et nous ne pouvons les suivre. Le soin des lois financières et pénales fait oublier les institutions. Nul génie n'a su trouver toutes les lois de la société, tous les devoirs de la vie dans le besoin qui unit les hommes et dans celui qui unit les sexes.

II

DE L'AMOUR

L'unité de l'espèce est divisée. Des êtres semblables sont pourtant assez différents pour que leurs oppositions même les portent à s'aimer : séparés par leurs goûts, mais nécessaires l'un à l'autre, ils s'éloignent dans leurs habitudes, et sont ramenés par un besoin mutuel. Ceux qui naissent de leur union, formés également de tous deux, perpétueront néanmoins ces différences. Cet effet essentiel de l'énergie donnée à l'animal, ce résultat suprême de son organisation sera le moment de la plénitude de sa vie, le dernier degré de ses affections, et en quelque sorte l'expression harmonique de ses facultés. Là est le pouvoir de l'homme physique ; là est la grandeur de l'homme moral ; l'âme y est tout entière, et qui n'a pas aimé, n'a pas possédé sa vie.

Des affections abstraites, des passions spécu-
latives ont obtenu l'encens des individus et des
peuples ; les affections expansives ont été répri-
mées ou avilies. L'industrie sociale a opposé les
hommes que l'harmonie primitive aurait conciliés.

L'amour doit gouverner la terre ; l'ambition la
fatigue. L'amour est ce feu paisible et fécond,
cette chaleur des cieux qui anime et renouvelle,
qui fait naître et fleurir, qui donne les couleurs,
la grâce, l'espérance et la vie. L'ambition est ce
feu stérile qui brûle sous les glaces et consume
sans rien animer, qui creuse d'immenses cavernes,
qui ébranle sourdement, qui éclate en ouvrant
des abîmes, et laisse un siècle de désolation sur
la contrée qu'étonna cette lumière d'une heure.

Les vertus des hommes, et jusqu'à leur austérité, n'ont essentiellement d'autre principe que
les besoins de s'alimenter, de dormir, de ne
point souffrir et de se reproduire.

Parce que le dernier de ces besoins n'est pas
aussi fréquemment impérieux, c'est celui que
l'imagination rendra le plus puissant. Parce que
ce besoin aura pour objet l'être analogue à nous,
et dont il faudra que la volonté s'accorde avec la
nôtre, les considérations morales s'y rapporteront.
Ainsi s'étendra le sentiment des analogies des

choses, et il deviendra comme infini pour l'âme
avide d'aimer.

« Aimer, dit Leibnitz, c'est être porté à prendre
du plaisir dans la perfection, bien ou bonheur de
l'objet aimé. Nous n'aimons point proprement ce
qui est incapable de plaisir ou de bonheur.
L'Amour de bienveillance nous fait avoir en vue
le plaisir d'autrui, mais comme faisant ou plutôt
constituant le nôtre ; car s'il ne rejaillissait pas
sur nous en quelque façon, nous ne pourrions pas
nous y intéresser, puisqu'il est impossible qu'on
dise d'être détaché du bien propre. »

On a vu la morale soumise au culte condamner
l'amour comme une affection sensuelle. Les sec-
tateurs de quelques vertus symboliques que des
prêtres imaginèrent dans l'antiquité, voulurent
étendre sur des contrées entières les caprices
religieux ou les habitudes politiques d'un temple ;
ils voulurent assujettir les mœurs des nations à
l'opinion ostensible de quelques tribus sacerdo-
tales, retirées sous le voile saint ou dans le secret du désert ; et cependant, bien loin de prétendre indiquer par leur exemple les lois de la
morale humaine, ces hommes qui se séparaient
de la terre, ne cherchaient que des moyens mys-

·térieux d'attirer la vénération des peuples, en les
étonnant par le bruit d'innovations difficiles.

Il n'est rien dans nous dont la véritable fin ne
soit un des premiers besoins physiques. Dans
nos affections les plus indirectes, dans les désirs
compliqués d'un cœur que l'on dit indéfinissable,
dans l'étendue et l'incertitude de l'âme la plus
vaste et en quelque sorte la plus éloignée d'elle-
même, on ne trouvera pas un mouvement, pas
une fantaisie qui ne soit l'impulsion de ces premiers moteurs. Nous avons mis une agitation
inquiète et sans bornes à la place des volontés
puissantes, tranquilles et limitées de l'homme
simple. Les mouvements primitifs ne pourraient
plus occuper nos jours : nous les fatiguons par
ces combinaisons accessoires qui, cherchant tout,
promettront toujours quelque chose ; en sorte
que du moins les vues pour l'avenir ne nous
manqueront jamais, et que, même en vieillissant,
nous attendrons encore la vie. Mais l'homme de
la nature est resté : l'homme varie, il ne saurait
changer. Si vous éteignez l'appétit des sens,
vous éteindrez les désirs du cœur.

La seule science de l'homme est la morale, et
la morale est tout entière dans les passions.
L'homme absolument isolé peut suivre les im-

pulsions qu'il éprouve : l'homme en société
doit examiner celles qu'il pourra suivre.

On peut nier que l'amour soit la plus énergique des passions, mais ce qu'on ne saurait
contester, c'est qu'il est la plus universelle des
passions énergiques. Ainsi la prudence et la
justice dans l'amour, les lois positives sur
l'union des sexes, forment une partie principale
et essentielle de la morale et des institutions.

Tout ce qu'on a voulu opposer à la force de
l'amour n'a pu la diminuer, et l'a rendue plus
funeste. Vainement on a lutté contre la puissance de cette loi naturelle : l'amour n'en est
pas moins, comme le dit Helvétius, le ressort
presque unique des sociétés policées. On a fait
tout pour le réprimer et le contenir, et même
pour l'avilir ; il fallait tout faire pour le régler ;
on a tout dirigé contre les passions : tout devait
être arrangé pour elles.

Je ne vois pas qu'en aucun lieu connu l'on ait
su découvrir tout ce que ces besoins de l'amour
demandent, ou que l'on ait imaginé jamais de
mettre dans les lois, de faire passer dans les habitudes tout ce qu'ils permettent pour le bonheur de l'homme, et plus encore pour le lien de
la Cité.

Certainement je n'entreprendrai point d'indiquer maintenant ce que je crois entrevoir.

J'oserais le faire, si ce manuscrit devait rester enseveli, pour paraître vingt siècles après moi, dans la ville alors la plus éclairée. La Tyr du Liban se trouve aujourd'hui sous les brumes de la Tamise ; Sparte est dans le pays des Sauvages ; Athènes sera peut-être aux sources de la Gambie, sur les rives du Saghalien ; qui sait où sera Bénarès ? Il est probable qu'après tant de recherches, des siècles plus simples, plus véritablement instruits, plus heureux succéderont aux siècles d'essais et de routine. Si quelques-unes de ces pages subsistent alors, on dira : Il les eût écrites différemment, s'il eût vécu parmi nous.

Je ne dois considérer l'amour que dans les individus qui, en suivant les formes sociales actuelles, veulent obéir aux lois réelles de l'union des sexes.

Là sont toutes les discordances sans lesquelles il serait impossible de trouver la raison de nos misères. Là, l'homme de la nature est encore, et semble n'être plus. Là, l'empreinte primitive subsiste ; mais elle est cachée sous l'éclat puéril, sous les grâces étudiées de notre physionomie bizarre et malheureuse.

La même main qui multiplie nos douleurs a
dénaturé tous nos biens ; elle a corrompu jusqu'au charme des illusions ; ses doigts impurs
ont flétri le monde en voulant le réformer.

Puisque l'amour est naturel, puisqu'il est inévitable, il est essentiellement bon. Il est honnête, il est sublime, car le beau est l'objet de
l'amour, l'harmonie est son principe et son but.
Le sentiment de l'honnête et du juste, le besoin
de l'ordre et des convenances morales conduisent au besoin d'aimer. Une âme basse, un cœur
étroit, peuvent être égarés par l'amour, mais il
élève, il affermit un cœur vaste, une âme droite
et noble.

On comprend à peine le délire d'un esprit
chagrin qui, dans son mépris pour l'homme,
confond les sentiments ardents et nobles avec
des sentiments licencieux et vils ; et qui condamne indistinctement tout amour, parce que
n'imaginant que des hommes abrutis, il ne peut
imaginer que des passions misérables.

S'il arrive souvent que l'amour paraisse nous
avilir, c'est qu'effectivement il découvre très
bien la bassesse intérieure, rien ne la prouvant
mieux que le mauvais usage d'une chose bonne
par elle-même, et l'abus d'un sentiment heureux.

Si l'amour fait de si nombreuses victimes,
c'est que vous n'avez vu, dans cette première loi
de l'homme, que le moyen de population, nécessaire dans l'État, au lieu d'y voir aussi la volupté,
non moins naturelle aux membres de l'État.

Si l'amour est devenu pour les uns une voie
mystérieuse d'erreurs déplorables, d'incertitudes
et d'obscurité ; s'il est devenu pour d'autres
un jeu de l'égoïsme, et le sujet fécond de plaisanteries immorales et souvent d'une dérision
infâme, c'est qu'il est difficile de faire respecter
vos règlements, sans en écarter la lumière ; c'est
qu'il faut inventer quelque raison surnaturelle
de suivre des dispositions si peu conformes à la
nature des choses ; c'est qu'on se laisse aller à ne
pas porter un jugement sérieux au mi lieu des
absurdités, et à regarder comme un sujet frivole
ou comique ce que vous avez travesti d'une manière burlesque et indécente.

L'amour égare les cœurs : s'il ne les égarait
point, il n'y aurait presque jamais d'amour parmi
nous. L'amour échappe à vos lois, parce que
vous avez inventé des lois pour détruire son pouvoir, au lieu de reconnaître celles qui le rendaient utile. Les lois dépendaient-elles de vos
systèmes ?

Les lois positives sont une copie des lois essentielles et antérieures. Que cette copie soit fidèle!

Faites des lois selon notre nature : notre nature est immuable. Faites des lois justes : la justice est éternelle.

Tout ce que l'on doit faire est contenu dans ce que l'Équité prescrit : ce que l'on peut faire est vaste comme ce qu'elle admet. Vous reconnaissez une justice : celle que l'équité établit est variée dans les modifications, mais rigoureuse dans le principe, car l'Équité est mathématique. Vous ne pouvez pas plus en altérer les lois, que vous ne pouvez arranger pour des arts nouveaux, un angle de cent quatre-vingts degrés.

Comment s'entendrait-on sur les Institutions que l'Amour naturel inspirerait ? On ne s'entend pas sur les principes de la politique ; tous se mêlent d'en décider, comme s'il y avait beaucoup d'hommes à qui ces notions primordiales fussent même intelligibles ; elles ont passé les recherches des H., des G., des P., Montesquieu les a seulement entrevues, et l'on en discute les conséquences dans les cafés !

Chez ce peuple antique, et qui, comme les Hébreux, a conservé durant de longs siècles

d'injustice, d'oppression et de mépris, ses institutions aussi bien caractérisées, et plus belles
que celles qu'on attribue à Moïse, chez les Parsis,
la *Parole*, l'expression des choses était reconnue
antérieure à l'existence du monde visible : il y
avait deux Mondes, l'abstrait et le concret en
quelque sorte. Les idées primitives, les rapports
essentiels, les *Ferouers*, ou premiers modèles
des êtres, furent créés par Ormuzd, ou l'Ordre,
pour être opposés au Désordre, à Ahriman:
L'Avesta, le livre de la loi, c'est la *Parole*,
l'expression du Feu-Principe ; Vesta, feu ; Zend-
Avesta, Garde-Feu, Allume-Feu, Parole-Vi-
vante.

III

Les Passions sont les sentiments progressifs des analogies morales.

La Moralité est la justice en action.

La moralité prise dans le sens le plus étendu, est ce rapport des actions spontanées qui les rend susceptibles d'être justes ou injustes. C'est la moralité prise seulement en bonne part qui est la justice en action.

La Justice est la conséquence effective de l'équité absolue.

L'Équité est le résultat intellectuel de la vue de l'équilibre.

Le jugement qui résulte de l'équilibre des proportions, est l'opération la plus simple de notre intelligence. L'équilibre aperçu est le premier résultat de nos sensations comparées.

Le principe de l'équité est mathématique.

L'Équité est la mesure. La Justice est le produit.

L'Intelligence voit et reconnaît l'Équité : elle découvre et veut la Justice.

L'Équité est le moyen et la règle de l'Intelligence ; la Justice est sa volonté exprimée, et comme un premier trait de ses vastes conceptions.

L'Équité est le Concept suprême.

La Justice est la Pensée éternelle.

L'homme industrieux et illimité n'est encore qu'un animal d'une organisation très compliquée, le plus puissant des êtres vivants. L'homme juste est l'homme, l'être supérieur à tout être visible, la providence accidentelle du globe.

La Justice soumet l'Affection au Jugement.

Le sentiment, l'instinct est soumis à la pensée, au jugement, par la notion morale d'équité, laquelle notion est la Justice reconnue. La justice fait que la tête gouverne le cœur. Les mouvements du cœur sont comme l'instinct dans les animaux : ces affections ne commencent à être humaines que lorsqu'elles sont arrivées à la tête, et déterminées par la pensée.

Toute Loi est le mode d'un Rapport.

Le Moral résulte de la faculté de comparer et
d'étendre nos affections, de les rapporter à un
centre, à une règle primitive, en combinant les
rapports des êtres à nous, avec les rapports de
nous aux êtres. Cette règle primitive est la Justice ; c'est par elle et selon elle que nos œuvres
sont morales.

La Loi primitive est le mode du mouvement
du Monde.

Le véritable mode des Institutions des États
était avant que l'homme fût.

Ce mouvement du monde est nécessaire, il
est éternel, et il n'est en discordance avec rien
d'existant ou de possible : il est donc juste. Ainsi
la Loi primitive est juste, ainsi toute loi humaine qui n'est pas modelée sur ce grand Arché-
type n'est pas une loi, mais la parodie d'une loi.

Avant la loi primitive, il n'y a rien, excepté
la nécessité de cette loi : c'est la nature des
choses, l'abstraction absolue, le Destin.

On pourra trouver ces définitions trop générales pour les lois particulières à l'amour ; mais
j'observerai que, bien que ces définitions appartiennent à l'ouvrage entier, et non pas expressément à ce livre-ci, qui n'en est qu'un article,
puisque cet article en est séparé, il était à pro-

pos de les y rapporter pour se faire entendre.
Ces principes sont importants : toute la morale
et presque toute la métaphysique en dérivent.

Il fallait remonter au principe de tous les abstraits. En mathématiques, on propose un problème ; et il est clair que ceux qui ne l'ont pas
résolu, n'ont pas pu le résoudre. L'on connaît
le mot de Descartes, qui est analogue à ceci.
En métaphysique, au contraire, tous croient
entendre, ou disent que ce qu'ils n'entendent pas
est inintelligible. Ces lignes-ci, incomplètes, et
trop rapidement esquissées, s'adressent à un
très petit nombre d'hommes dans l'Europe ; mais
le Législateur doit être un de ces hommes.

S'il veut régler l'Amour, qu'il entende que la
justice soumet l'affection à l'idée. Et qu'ensuite
il écrive cette partie de la loi du monde avec les
caractères de la langue universelle. Cette langue
n'est pas faite : les hommes n'ont pas encore
trouvé qu'il fût bon de s'entendre. Quand cet article sera rédigé, presque tous diront qu'il est hasardé, romanesque, peut-être qu'il est absurde ;
quand l'exécution en sera réalisée, ce sera pour
toujours ; car tous verront qu'il était simple, naturel, et d'une grande fécondité en politique
comme en morale.

DEUXIÈME PARTIE

DE L'AMOUR CONSIDÉRÉ MORALEMENT
ET CIVILEMENT
DANS LES SOCIÉTÉS ACTUELLES

I

DE L'EFFET MORAL ET DU SENTIMENT
DE L'AMOUR

Lorsque la rencontre du beau commence à éveiller en nous le sentiment des harmonies possibles, nous sommes au printemps de la vie, nos misères sont encore inconnues, nous n'avons pas pénétré les secrets de notre néant, nous ignorons les vanités de la joie et l'amertume des besoins : encore enfants, nous imaginons quelque bonheur ; encore trompés, nous croyons que l'existence a un but humain ; entraînés par une lumière dont tout semble annoncer les longs progrès, séduits par les couleurs douces de l'espérance, nous ne savons pas dans quelles ténèbres nous abandonnera ce crépuscule sans aurore. Le prestige s'introduit facilement dans un cœur qui n'a pas gémi ; ce charme embellit les heures dont il semble même agrandir la durée future ; il anime ces désirs que le mélange des douleurs n'a pas flétris, que l'expérience n'a pas éteints. Les convenances aperçues dans les êtres réels, font entrevoir les convenances mystérieuses de la beauté idéale. Les sites solitaires sont admirés : on trouve quelque chose de sublime dans cette simplicité sauvage, qui, s'éloignant des choses habituelles, paraît convenir à l'immensité des rapports inconnus et désirés d'une situation nouvelle. On voit alors, comme on ne les verra plus, une belle heure de mars, une nuit d'été, une rose dans l'ombre ou le muguet sous les hêtres, une eau que la lune éclaire, entre les pins dont le mouvement des airs fait résonner le feuillage inflexible. L'âme demande avec avidité de quel espoir elle est remplie ; et l'attente des voluptés qu'elle ne discerne pas, étend sur tous les objets une nuance secrète et gracieuse. L'espérance qui n'a pas encore enfanté le plaisir est comme une beauté vierge dont on a seulement pressenti les grâces célestes : on ne l'a vue qu'en songe, elle passait dans les nues ; et depuis elle semble partout présente, parce qu'on la cherche partout. Elle est dans le souffle des airs ; elle embellit les formes, les couleurs, les attitudes ; elle semble errer dans les bois, dans les nuages ; elle glisse avec les ombres sous les branches agitées et dans les eaux tranquilles.

On cherche à rester seul : on possédera mieux les émotions intérieures que l'on se promet, et celles que l'on commence à recevoir des accidents de la nature. Si l'on s'éloigne des hommes, ce n'est pas pour les éviter : tout cœur droit les aime ; le cœur simple les aime à la manière de celui qui ne les connaît pas. Il y a bien rarement de l'égoïsme dans l'âme que la stérilité des autres n'a point navrée.

Celui dont l'âme est naturellement aride n'a d'autre amour qu'un besoin lourd et farouche. Chez de tels hommes l'amour ne produit point d'illusions : ce n'est pas une affection morale, c'est l'appétit de la brute.

L'amour est le grand mystère de la vie, et les beautés secrètes du monde sont perdues pour l'homme seul. Il n'y a point d'amour dans l'âme sans profondeur, mais à quel ordre appartiennent donc et ce mystère et cette espèce d'infinité ? Il est des hommes profonds, on les dit tels, et ils restent incapables d'aimer !

Des perceptions, qui sembleraient infinies

tant elles sont mobiles, laissent ou refusent, indépendamment de toutes nos volontés; cette
sorte d'émanation si pure, si suave, qui ranime
et entraîne nos cœurs, qui fait frémir avec une
surprise douce et facile toutes ces fibres du souvenir engourdies par les douleurs.

Quelquefois, aux bornes du sommeil, des
sons d'une harmonie relative à notre situation,
agissent sur nos organes encore endormis, mais
au moment déjà disposé pour le réveil, au moment où l'on va rentrer dans la vie journalière.
Les sensations qu'ils apportent, les ressouvenirs
confus qu'ils ont suscités, s'allient aux idées romanesques d'un songe heureux. Encore absents
de la vie habituelle, nous imaginons, nous sen-
tons quelque chose d'une vie meilleure. Le génie des cœurs purs nous tend une main céleste :
et durant une minute, deux peut-être, il nous
promène sur une terre semblable à la nôtre, mais
qui n'en a pas les amertumes, et parmi des
hommes comme nous, mais qui ne sont pas dé-
couragés. Nous nous éveillons : cette main voluptueuse n'est plus que la main froide qui nous
traîne rapidement sur nos heures et nos se-
maines, qui nous presse contre la terre aride,
qui nous sépare des beautés aériennes, qui nous

pousse vers cette heure de ruine inévitable où la
vie sera passée, sans jamais avoir été présente.

L'intelligence estime les rapports entre les
choses et nous. Nos désirs sont l'effet et comme
l'habitude de ces convenances senties : quand
l'intelligence est faible, les désirs paraissent
indépendants de l'intelligence. Cependant nos
passions n'ont pour objet que ce qui est bon, ce
qui est jugé tel. La passion suppose des rapports
déjà existants entre nous et les choses ; elle en
produit de nouveaux entre les choses et nous.
Si le cœur qui désire est droit, si l'objet désiré
est beau, ces convenances nouvelles seront
bonnes, la passion sera juste et utile.

Le beau est partout le même, il n'a qu'un
principe, et les effets en sont analogues. Dans
l'âme grande tout sera élévation et candeur :
tout sera ineptie, brutalité, artifices dans l'âme
basse. Le sentiment que nous éprouvons avec
plus de force et d'abandon déterminera notre
aptitude à chercher cette perfection que nous aurons voulue, ou l'impuissance d'atteindre désor-
mais ce que nous aurons corrompu.

Le principe de l'amour est le sentiment de
l'ordre, des proportions, de l'élégance, de tous

les genres de beauté. L'amour pour une femme,
et le désir du juste et du beau, ne sont qu'une
même affection.

Par Amour, Saint-Lambert entend les passions utiles à nous et à nos semblables.

Mlle Scudéri dit que la mesure du mérite se
tire de l'étendue du cœur et de la capacité d'aimer. (*Réflexions sur les Femmes, par Mme la
marquise de Lambert*).

Le sénateur Labarus, dans ses *Rapports du
Physique et du Moral de l'Homme* dit :

« Non, l'Amour n'est point ce fantôme théâ-
tral qui se nourrit de ses propres éclats, se com-
plaît dans une vaine représentation... C'est encore moins cette froide galanterie qui se joue
d'elle-même et de son objet... ou cette métaphysique subtile qui, née de l'impuissance du cœur
et de l'imagination, a trouvé le moyen de rendre
fastidieux les intérêts les plus chers aux âmes
véritablement sensibles. Non, ce n'est rien de
tout cela. Les anciens, sortis à peine de l'enfance
sociale, avaient, ce semble, bien mieux senti
ce que doit être, ce qu'est véritablement cette
passion, ou ce penchant impérieux dans un état
de choses naturel : ils l'avaient peint dans des
tableaux... plus simples et plus vrais. »

Et Zimmermann, dans *La Solitude* :

« Un homme d'esprit, quand il aime, sent
mieux tout ce qu'il y a d'élevé, de riant et d'at-
tendrissant dans la nature. »

On allègue contre l'Amour l'autorité de Bacon : je crois qu'on se trompe, et qu'il faut se réduire à citer ceux qui n'ont pas entendu, ou qui
n'ont pas approfondi l'Amour. Bacon ne dit pas
que les grands hommes n'ont point connu
l'Amour, mais il dit que les hommes illustres
chez les anciens, en n'exceptant guère que Marc-
Antoine, n'en ont pas été tyrannisés. Rien n'est
plus juste. L'Amour intéresse et anime le génie :
l'âme du sage le reçoit, mais il ne subjugue que
celle de l'esclave. Bacon dit, il est vrai, que
l'Amour sensuel corrompt et déshonore le genre
humain, mais cela ne peut être entendu que des
folies ou des crimes que l'amour des sens occasionne. Jamais le grand Bacon n'a pu dire que
le genre humain se déshonore et se corrompt en
faisant ce qu'il lui est impossible de ne pas
faire.

L'homme qui est incapable de jouissances et
des besoins du goût, n'a point d'élévation dans
la pensée, ni d'étendue dans les sensations ; il

n'est pas fait pour aimer. Il a des sens, mais il
n'a point d'âme ; il a ce qui fait qu'une femme
est le principal objet de l'amour dans l'homme,
mais il n'a point ce qui fait l'amour.

Comprendra-t-il jamais ce qui est beau dans
une femme ? Il est né pour qu'il lui suffise de rencontrer une de ces images ébauchées qui n'ont
reçu que la matière du sexe dont elles eussent
dû être.

Mais une femme vraiment aimable est comme
une harmonie parfaite pour les affections de
l'homme. Ce n'est pas une Diane à la taille
svelte, au front élevé, courageuse, légère,
forte, inaccessible : mais Vénus Adonias, taille
moyenne, formes arrondies, mouvements voluptueux, physionomie de grâces et de délicatesse. La main ne sera point assez forte pour
n'avoir pas besoin d'être aidée, d'être servie. Le
bras aura les proportions favorables aux caresses. Le sein donnera tout ce que l'imagination la plus heureuse eût réservé pour le charme
des belles heures de la vie ; il est ce que l'homme
n'eût jamais imaginé, ce que la nature infinie a
seule pu faire, doux accord de simplicité et de
beauté ! assez voluptueux pour l'excès du plaisir, encore assez beau quand le plaisir n'est

plus ; assez expressif, dans l'agitation, pour les désirs extrêmes ; assez pur, dans la nudité, pour des désirs reposés ; circulaire, pyramidal, tout vivant d'amour et de fécondité, il justifie le besoin d'aimer, il permet un espoir sans borne et des sentiments sublimes. Mais le regard ! et le sourire ! et la voix ! O femme que j'eusse aimée ! Après tant d'années, quand les douleurs vous ont atteinte, quand le temps a pesé sur nous, quand le regret inutile et la longue impatience ont consumé la vie de l'amour, votre voix, votre bouche a encore ce charme qu'on ne retrouve point. Mortel misérable, l'espoir et la vie sont comme deux ombres envoyées pour errer ensemble : elles s'approcheront, s'éloigneront, se retrouveront, et l'une restera quand l'autre sera dissipée. Nos jours paraissent survivre, mais flétris, fatigués, mais anciens dans la répétition des heures, éteints et passés dans le présent même. Et sous ces ruines de la vie, nous cherchons, au lieu d'une femme aimée, cette tombe, asile froid comme les espérances, éternel comme les pertes, la tombe qu'ombrage si bien le feuillage évidé du cyprès au fruit sinistre.

Quittons ces temps que le passé dévore. La

force de la Nature est d'achever la destruction
de ce qui fut et de commencer celle de ce qui
est, s'attachant seulement et sans cesse à préparer ce qui sera. Suivons sa marche quand nous
parlons de ses lois. Si nous écrivons quelques
mots sur l'Amour, qu'ils soient laissés à ceux
qui naissent ; car pour ceux qui vivent, déjà
ils ont vécu, et puisqu'ils étaient hier, qu'ils
sachent, dans la jeunesse encore, commencer
l'oubli de ce qui fait l'existence.

Tous ne sont pas dignes d'aimer, tous ne sont
pas faits pour être aimés. Presque tous pourtant
aiment et sont aimés : mais de quelle manière ?
et quelle distance d'un amour à un autre amour !

C'est l'objet particulier de cette passion qui
en détermine les effets : elle affermit l'âme ou
l'énerve, elle purifie les affections ou les dégrade, selon que nous aimons ou ce qui plaît
seulement, ou ce qui mérite d'être aimé, selon
que nous cherchons le bonheur des sentiments
nobles et des plaisirs justes, ou que nous cédons
à la fantaisie d'un lien trivial et illégitime dont
il faudra dissimuler les vils avantages. Si le
cœur est intègre ou pervers, grand ou misérable, l'amour est louable ou condamnable, élevé
ou honteux.

On a justement observé que les hommes s'attachaient davantage à l'idée qu'ils se formaient en amour, qu'à la réalité de l'objet qui en était l'occasion. « Ainsi, ajoute-t-on dans l'article *Amour*, *Encyclop.*, l'objet des passions n'est pas ce qui les dégrade ou ce qui les ennoblit, mais la manière dont on envisage cet objet. » Cela est possible pour les premiers mouvements du cœur : l'erreur peut être entière d'abord, mais ensuite l'illusion s'affaiblit, on aperçoit des choses dont la communication dégrade. On a pris quelque part aux habitudes, aux manières, aux sentiments, aux goûts de l'objet aimé ; comment donc une liaison d'un mauvais choix serait-elle indifférente à la moralité ?

« Éprouve ton cœur avant de permettre à l'Amour d'y séjourner, disait l'École de Pythagore ; le miel le plus doux s'aigrit dans un vase qui n'est pas net. »

Plusieurs sages ont dit : l'Amour est vanité. Je le veux. L'Amour est vain, comme tous les incidents de notre vie périssable : il est vain comme les affections d'un cœur mortel, comme le sont et l'homme et cette Terre humaine qu'il fatigue de son inquiétude, et toutes les choses qui passent, qui peuvent finir, que les désirs embellissent, et qui ne sont qu'un souvenir alors qu'on croit les posséder.

Quand on désire aimer, quand on est près d'aimer, l'amour est une partie essentielle de la vie : quand on est aimé, c'est la vie elle-même. Mais aux bornes de l'existence du cœur, quand l'espoir éteint endort les désirs, quand on n'aimera pas, quand on ne vivra plus, alors si l'on n'a pas aimé, si l'on n'a connu que des songes sans objet, le jour vient où l'amour paraît oublié, où le songe qui tue cesse enfin d'être bien senti. Quelquefois pourtant le nom seul de l'amour rappelle encore ce rêve profond ; il fait frémir comme ces idées qui ramènent les maniaques à leur folie : mais dans l'oubli habituel, on croit juger que l'amour n'est qu'une ombre. Et, en effet, que serait-il autre chose ? Mais de toutes ces ombres dont se compose le fantôme de l'existence morale, c'est la moins bizarre peut-être et la moins déplorable ; et si la vie n'est qu'une suite de vanités, il faut bien avouer que le premier de nos songes est une des choses les plus importantes de la vie.

Il est plus indispensable à l'individu de se conserver que de se reproduire : mais dans l'ordre général, c'est la reproduction de l'espèce

qui est la première loi. Nous ne sommes autre
chose que les agents du développement successif
des germes ; et, ce ministère une fois rempli,
nous voilà inutiles et comme déplacés dans le
monde vivant.

Sans doute ces sortes d'aperçus n'ont qu'un
côté vrai : cependant voyez quel contraste dans
le sentiment de notre existence. D'abord toutes
les séductions se présentent, la terre semble se
livrer à nous ; c'est peu, l'on nous mène au delà,
nous entrevoyons des choses ineffables, et la
vie que l'on nous montre est si belle, que nous
nous hâtons de la communiquer : c'était là notre
destination. Nous n'étions venus que pour con-
tinuer la chaîne : ce rôle fait, on nous oublie,
nous sommes rebutés, repoussés de toutes
parts ; il n'y a plus une espérance pour nous ;
les heures, si longues jadis, se pressent pour
nous éloigner : nous ne marchons plus, nous ne
faisons que passer ; et les choses n'ont qu'une
voix pour nous dire : vite, vite, il n'y a plus
rien, retirez-vous.

II

L'AMOUR DANS L'ORGANISATION DES SOCIÉTÉS

Lorsque l'objet de l'amour est déterminé, le sentiment, moins profond peut-être, devient plus impétueux : il paraît indomptable, lorsqu'il est éveillé par ce rapport harmonique que nous appelons sympathie, par la vue d'un genre de grâces et de beauté analogue à la disposition particulière des désirs. Le besoin physique des jouissances de l'amour est si puissant, qu'il rend avide du sentiment des analogies les plus éloignées, de tout ce qui peut faire pressentir, même indirectement, ce dernier plaisir que souvent la passion la plus profonde ne se promettait pas encore après des années d'espérances, d'agitations et d'alarmes.

Le pouvoir excessif, et dès lors si dangereux, de ce penchant auquel on trouve naturel de se

livrer inconsidérément, nécessita les lois établies pour le contenir, et fut le prétexte des
mauvaises lois imaginées pour le rendre coupable.

L'excès et le désordre, funestes dans toute
chose, le sont surtout dans celle qui influe si
puissamment sur les habitudes de la vie, sur la
conduite, sur le caractère, sur la manière de
penser, de sentir, sur la moralité publique, sur
le patrimoine des familles, sur tant d'intérêts.

Des lois pour restreindre et régler les suites
de ce besoin d'un âge qui estime peu la modération, seraient aussi justes que nécessaires, indépendamment même de la nécessité non moins
évidente d'une règle civile pour les droits de paternité, pour la succession, pour l'éducation des
enfants. Mais c'était une occasion trop favorable
d'exercer sur les cœurs un pouvoir presque sans
bornes : on ne résiste guère aux conseils d'une
prudence soutenue par un aussi grand intérêt
personnel. Les ministres de plusieurs cultes ont
recommandé la continence ; ils étaient sûrs de
régner d'autant mieux sur les hommes, qu'ils
en exigeraient davantage.

III

DE LA NÉCESSITÉ PHYSIQUE DE L'AMOUR

Cette jouissance que l'Amour se propose toujours, et sans laquelle la passion la moins sensuelle n'existerait pas, est la plus grande jouissance dont l'organisation animale soit susceptible, parce qu'aucune autre n'imprime un aussi grand mouvement, ne fait vivre si puissamment, si promptement en quelque sorte. Ne faut-il point que la vie soit augmentée au moment qui commence une vie nouvelle, et qu'aux forces ordinaires qui conservent le corps déjà organisé, se joigne une force très active dont l'impulsion extraordinaire établisse une autre série de mouvements, un autre ensemble de principes moteurs, qui pourra subsister longtemps après la dissolution de celui dont l'effort le fait naître.

Ce besoin est moins constant dans l'habitude

de notre vie que les autres d'entre les premiers
besoins : il est moins égal, moins fixe ; il est cependant aussi impétueux : il sera donc le premier mobile de l'homme moral. Les besoins
uniformes déterminent les mouvements journa-
liers de la vie animale : un désir qui n'est pas
moins puissant, et qui est plus variable, doit
exciter davantage les affections intellectuelles.
Ces premiers appétits absorbent les soins grossiers de la vie et ne règnent guère qu'ainsi : celui de l'amour sort de cette habitude monotone
et devenue insensible. Il change, il émeut ; il
éveille l'imagination, agite le cœur, entraîne la
pensée ; il rend les idées profondes et dévoile la
nature ; il multiplie nos moyens ; il soumet toutes
ces forces qu'il a produites, et qui se trouvent
disposées pour lui.

L'action de la nature est non seulement de
changer et de mouvoir, et il semble que sa fin
ne soit autre chose que le travail des êtres.
Elle excite l'homme à produire souvent un
autre homme, et elle lui inspire sans cesse de
se détruire lui-même. C'est dans les voies de la
vie qu'elle le mène à la mort ; et c'est quand il
croit atteindre une énergie plus grande, qu'elle

détruit par là cette mobilité vivante dont la
jouissance est la perte.

S'il ignore cette vie ardente, s'il lui suffit de
se conserver, s'il ne cherche pas à posséder, et
que seulement il se laisse vi re, il tombera dans
la dépendance des forces du dehors, et sa vie se
dissipera faute de résistance ; elle s'arrêtera
comme un mobile qu'on abandonne. S'il presse
le mouvement, s'il cherche à être, s'il veut sus-
citer en lui une vie plus pleine et plus sentie, il
consume ce qu'il croit agrandir, pour produire
il épuise ; et cette volupté qu'il pressentait seulement quand il dévorait d'autres substances
pour les assimiler à son être, il ne la rencontre,
il ne la fixe, il ne la place dans lui, il ne s'en
nourrit qu'en se dévorant lui-même.

IV

DIFFÉRENCES ENTRE L'AMOUR DANS L'HOMME
ET L'AMOUR DANS LA FEMME

Dans les espèces dont l'organisation se rapproche de la nôtre, l'un des deux sexes féconde, l'autre forme après avoir été fécondé. L'espèce est ainsi maintenue.

Cet acte occupe peu d'instants : peut-être il eût été négligé. Peut-être même, pour que l'espèce se maintînt toujours nombreuse, il n'eût pas suffi parmi nous que cette jouissance, excitée par le plus violent des désirs, fût commandée par des besoins également impérieux. Trop d'individus, dans l'ignorance et les misères où le genre humain s'écoule presque entier, n'auraient cédé que d'une manière insuffisante aux émotions momentanées d'un appétit sans prestige. Il fallait encore que les accessoires de ce besoin, que l'émotion morale qu'il produirait, que tous les sentiments qu'il éveillerait, en fissent la plus douce des pensées et la pente la plus naturelle des cœurs.

Mais dans les affections indirectes dont ce plaisir est le premier moteur, chaque sexe conserve le caractère distinctif dont la cause est évidemment dans ses organes. Le sexe qui forme et qui nourrit, a des soins à remplir : souvent il veut les éviter, souvent même il le doit. C'est au sexe qui reçoit l'action, qu'il appartient de s'y refuser. Il est le moins puissant, ce n'est pas à lui à chercher, à vouloir : il est le moins fort, ce n'est pas à lui à exiger. Aussi n'a-t-il point cette expression extérieure donnée au sexe qui veut toujours lorsqu'il désire. Aussi, lors même qu'il ne refuse pas, il permet et ne demande point, il consent et ne presse point : s'il se livre enfin à ce plaisir que tous demandent, il ne l'avoue entièrement que lorsqu'il ne saurait plus le taire ; il le partage, lorsqu'il ne peut plus s'y soustraire, et l'on dirait qu'il ne consent à le recevoir que parce qu'il ne peut plus se dissimuler qu'il l'a donné.

L'homme ne voit guère dans les rapports de

l'amour qu'une occasion de plaisir; il veut surtout des agréments. La femme cherche dans l'homme un appui, elle en reçoit son nom, son état dans le monde; elle veut des qualités. Souvent elle se trompe dans l'appréciation du mérite, elle croit en voir où il n'y en a pas; et souvent aussi c'est un faux mérite qu'elle préfère : mais enfin c'est aux qualités qu'elle s'attache. C'est à elle qu'il fut inspiré plus particulièrement de chercher des perfections, parce que c'est à elle surtout que sont confiés les soins de la régénération de l'espèce. L'homme a la puissance pour produire, la femme a les sollicitudes pour former.

Cette différence entre les deux sexes se trouve confirmée dans les convenances du plaisir. L'un détermine le mode et le moment, l'autre l'attend. Le premier cherche un motif d'action, il faut qu'il soit ému par la beauté. Il faut seulement à l'autre qu'on sache l'émouvoir. Placée d'ailleurs dans la dépendance de l'homme, soit pour l'homme lui-même, soit pour les choses, la femme a seulement besoin d'un homme qui ne lui fasse aucun tort. Ainsi l'homme sûr est celui qu'elle doit préférer. Si, de plus, il sait faire jouir, il a tout. Une femme sortie de l'enfance de l'âge et de celle du caractère, préférera au plus bel homme celui qui, ne laissant rien à craindre de lui en aucun sens, annonce seulement d'ailleurs une manière aimable. Un homme peut désirer, au contraire, non seulement qu'on lui donne des plaisirs, mais encore qu'on ait cet extérieur qui invite à les chercher.

L'homme s'abandonne à ses désirs, il s'embrase, il veut jouir, il y parvient : on dit qu'alors il n'aime plus. Son activité le porte d'une chose obtenue à une chose espérée, d'une chose faite à une chose à faire, d'un désir satisfait à un désir nouveau.

La femme est incertaine ; elle délibère. Si elle cède, elle compromet son être ; si elle résiste toujours, elle ne l'emploie pas. Elle hésite, elle consent, et c'est alors qu'elle aime : ce qui est obtenu convient à ses besoins ; moins impétueuse, elle tient pour un temps aux choses établies et réalisées.

Cependant les lois de nature n'ont pas exigé de perpétuité. L'homme porte ailleurs ses poursuites, et la femme s'attache à ce qui reste de ses affections : ainsi vivent les enfants qui n'ont eu qu'un instant besoin d'un père, et qui auront longtemps besoin d'une mère.

Cependant la durée uniforme qui n'était pas dans la nature, devient naturelle pour nous : ces belles innovations de l'amour déguisent le système hasardé de l'ordre actuel; elles le justifieraient presque. Nos relations sociales sont tellement multipliées, que nous irions au delà des convenances des choses, si nous en suivions toute la mobilité. Pour nous retrouver dans une situation heureuse, il faut que nous nous rapprochions beaucoup de la constance, que nous mettions de la suite dans nos affections. Fatigué de la rapidité d'une vie dont toutes les parties échappent, nous aimerions que les attachements en parussent immobiles dans notre cœur; s'ils séduisent quand ils sont très nouveaux, ils intéressent davantage quand ils sont affermis par l'habitude. Nous ne jouissons réellement que des sentiments anciens.

Mais, à d'autres égards, nous avons rendu extrêmes les résultats des différences naturelles entre les sexes. Nous exagérons tout, nous voulons toujours des choses inouïes, nous cherchons encore au delà de nos excès.

La résistance de la femme, en prolongeant le désir de l'homme, le change en passion. Le but des sens, ainsi différé, ainsi reculé, cessera d'être en perspective ; insensiblement ce besoin subit et passager se trouvera remplacé par des besoins vagues, abstraits, par toutes les fantaisies de l'opinion, par les désirs multipliés et durables de la pensée. La femme se donne un pouvoir nouveau et comme surnaturel sur celui qui l'aime avec incertitude, et dès lors avec illusion ; elle se donne sur l'homme un empire qui tire le sexe faible de la dépendance du sexe fort, et qui soutient la vanité de celui-là contre l'orgueil de celui-ci. Les hommes même y trouvent des avantages spécieux. Généralement, ils y trouvent des passions qu'ils préfèrent aux simples désirs, comme ils préfèrent l'ivresse à la santé. En particulier, ils sont flattés de cette résistance qu'ils voient céder à l'amour, car ils ont soin de croire qu'elle n'est surmontée qu'en leur faveur. La jalousie fait aimer cette résistance : elle y trouve la confirmation des privilèges auxquels on attache un prix aveuglément senti. La jalousie fait de la chasteté des femmes leur première vertu, afin que l'on puisse prétendre à leur fidélité.

Cette contrainte imposée aux femmes les rend réservées, puis dissimulées, puis fausses, puis perfides, puis débauchées ; c'est encore ainsi qu'elles deviennent dévotes. Quelquefois aussi cette contrainte leur donne le fanatisme d'une fausse vertu à laquelle on tient d'autant plus qu'elle coûte davantage, et dont les inconséquences, les contradictions et le zèle, font un des genres de folie les plus étranges qu'on puisse imaginer.

C'est cela que les hommes ont appelé Sagesse, comme s'ils avaient eu à tâche d'avilir la sagesse et d'en faire perdre l'amour; comme s'ils avaient voulu réduire les femmes à n'avoir que des vertus absurdes.

V

PUISSANCE DE L'AMOUR COMME SENTIMENT

L'Amour doit une grande partie de son pouvoir à la mobilité même des désirs, au mélange des objets de répugnance ou de crainte, au soin de s'éviter lui-même, à ce que cette opposition des contraires peut mettre d'incertitude dans sa marche. Cette incertitude le rappelle toujours, cette délicatesse le fait admirer en paraissant le redouter ; ce sont des moyens naturels quoique détournés, et s'ils paraissent aller moins directement au but, ils n'y vont pas moins sûrement. L'Amour a une grâce irrésistible dans cette marche lente et mystérieuse ; il entraîne par l'expression secrète du désir, il attache par ce qu'il donne lorsqu'il n'a pas encore tout accordé. Mais il est heureux surtout dans les plaisirs de l'affection, dans les soins de la pensée : jouissances

modérées, mais durables et fécondes, qui perpétueront la jouissance passagère, ce plaisir
trop grand peut-être, trop certain du moins,
pour faire seul une passion.

Ce qui attache le plus, ce qui remplit le cœur,
c'est ce qui n'est jamais présent, ce qui précède,
promet ou rappelle. Ces plaisirs d'un second
ordre prolongent l'espérance que la jouissance
extrême consumerait, qu'elle peut détruire, que
du moins elle arrête. La passion de l'Amour est
dans le sentiment d'attente ou dans les souvenirs
qui embellissent les plaisirs des sens, dans la
volupté de l'âme, premier et dernier besoin de
celui en qui cet organe universel a quelque
perfection.

Dépouillez la vie de ces couleurs poétiques
dont on étale aux yeux du vulgaire les trom-
peuses apparences, vous verrez alors comme
elle est misérable dans le secret des cœurs. Et
cette vie humaine, qui n'a presque rien pour le
bonheur, quel en peut être le prix chez l'homme
obscur ? Sa destinée est moins triste encore
qu'inutile ; et il la voit se consumer plus stérile
pour la raison que pour les désirs. Si vous ôtez
l'amour, que restera-t-il à celui qui a reçu le sentiment des choses ? Quand l'œuvre est trop petite

pour notre puissance, ou l'âme trop agitée pour
notre repos, les pensers de l'amour sont comme
un exercice pour distraire des forces qui n'ont
point d'emploi. C'est l'amour qui soutient l'âge
incapable de renoncer aux songes ; c'est lui qui
maintient quelque mouvement dans les volontés
que la connaissance des choses aurait éteintes :
mobile chez les uns, consolation chez d'autres,
il entraine tout, rien ne le remplace, et l'on dirait
qu'il remplace toutes choses.

Enthousiasme du beau ! harmonie des sentiments et de la pensée, progression vive, lente,
continue, avide, indomptée, conduite par les
fantômes de l'avenir, et dont le terme reste inconnu dans les possibles ; difficultés des désirs
qu'on veut annoncer et de ceux qu'on désavoue,
efforts que l'on retarde, résistance qui va cesser, mystérieuse incertitude qui séduit et retient,
qui éloigne pour embellir, et refuse longtemps
pour longtemps promettre. Que de puissances
dans l'Amour ! Il change un plaisir terrestre et
périssable en joies voluptueuses, égales, immenses ; il dissipe les douleurs de l'homme et
répare sa vie ; il rétablit dans ses destinées
déchues une candeur primitive, et semble lui
apporter des souvenirs d'un monde heureux ;

il plane dans l'infini, entre nos misères et nos désirs, soutenant encore près des régions célestes les douces images de la vie ; le désespoir est reculé, le vide des choses est couvert : c'est un voile sur le néant.

TROISIÈME PARTIE

DES LOIS NATURELLES EN AMOUR

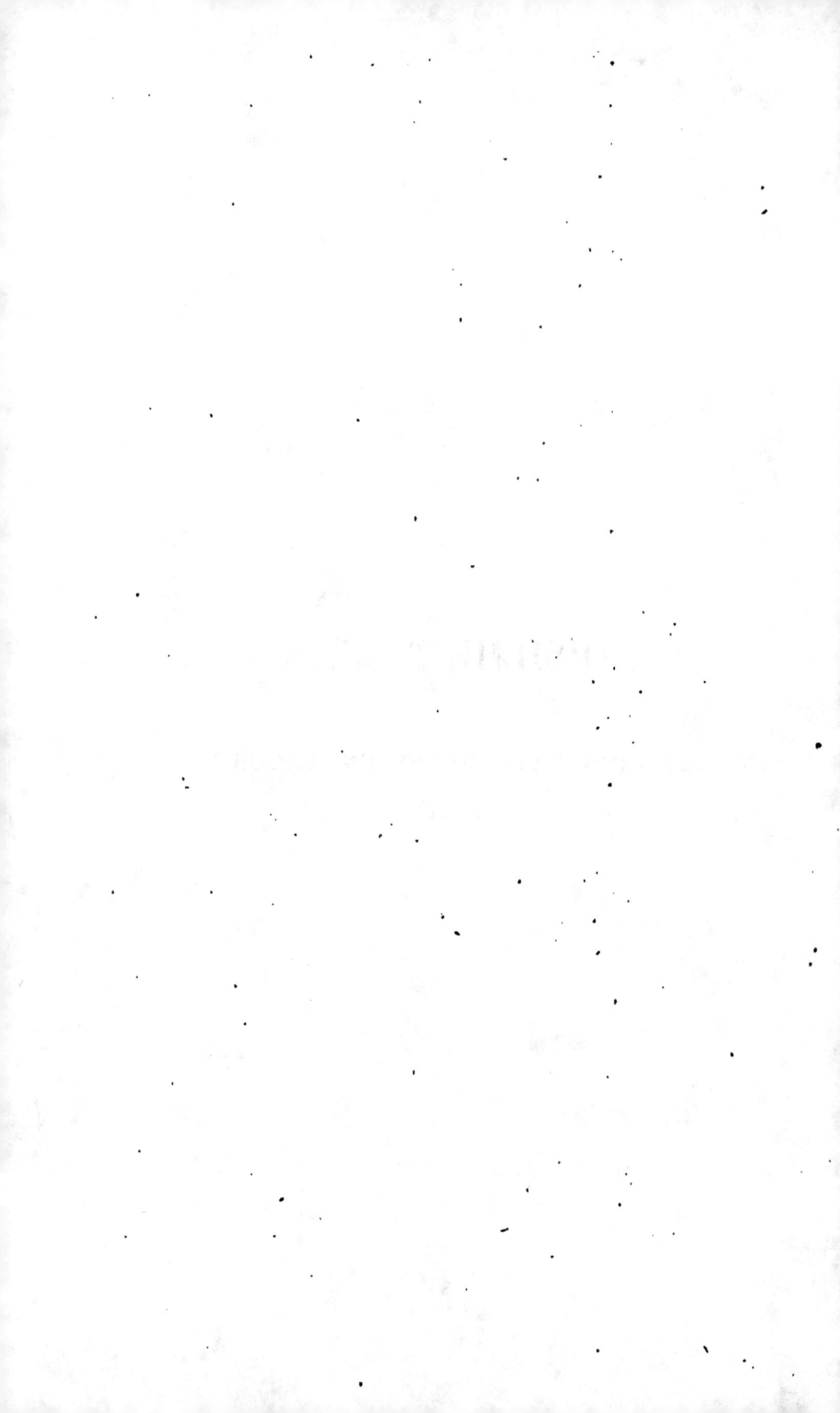

I

DE L'ORDRE DE LA NATURE

La Nature ne prépare pas expressément un effet particulier, elle ne cherche pas avec économie ce qui est indispensable pour arriver à tel résultat, ce qui est suffisant pour le produire, mais elle établit des moyens vastes et féconds ; elle en livre les fruits à la force plus ou moins énergique ou entravée des principes, aux frottements multipliés de tout ce qui sera cause ou obstacle. Il semble que l'Intelligence qui peut avoir disposé ces lois, ait prévu non pas ce qui en résultera effectivement, mais tout ce qui en pourra résulter ; qu'elle ait réglé seulement les possibles ; qu'elle ait dit : Voici l'ordre de choses qui sera, et voici celui qui ne sera pas ; mais dans ce que j'ai permis, je n'ai rien statué. J'ai choisi les facultés que ma sagesse pouvait lais-

ser à la matière. Ces données conviennent à mes
vues ; j'abandonne les résultats à la marche accidentelle des choses ainsi modifiées et conte-
nues. Je ne veux point déterminer ce que seront
les produits et les êtres ; j'essaie le jeu des ressorts universels ; j'ai rendu la destruction impossible ; j'ai assuré la perpétuité de ce grand
mécanisme, mais je veux que, toujours nouveau
et comme imprévu dans les détails, il reste en
spectacle à l'âme qui en pénètre les diverses
parties, afin que chaque composé soit vivant et
sublime comme une émanation de moi-même.

DES PRÉTENTIONS A LA POSSESSION EXCLUSIVE

Les lois morales ne sont pas seulement liées aux lois physiques, mais elles sont réellement les mêmes sous une autre acception. Ces lois ne sont et ne sauraient être autre chose que des règles abstraites, qui résultent des rapports éternellement nécessaires entre les mouvements du monde visible.

Si les moyens naturels nous paraissent plus grands que les résultats qu'ils sont destinés à produire, c'est qu'il fallait les produire dans tous les cas. Souvent le but paraît passé de beaucoup; car autrement il serait arrivé quelquefois qu'il n'eût pas été atteint.

Par une suite de cette disposition universelle, notre imagination, nos désirs et même le besoin présent de nos sens, s'étendent au delà de nos

besoins réels. Cet excès, cette surabondance
nous force à suivre les besoins vrais que nous
eussions pu négliger au milieu des passions
capricieuses et des manies systématiques. Ces
besoins sont exagérés dans nous, afin qu'ils
soient remplis.

Beaucoup d'animaux sont jaloux : dans plusieurs espèces, cette jalousie va jusqu'à la fureur ; ils se battent, ils meurent pour jouir exclusivement. Le même instinct se trouve dans
l'homme. Mais la raison, qui est la combinaison
réfléchie de tous les genres d'instinct, doit mo-
dérer celui de chaque passion, et le modifier
selon les circonstances. Autrement, que servi-
rait-il à l'homme d'être susceptible de réunir, de
combiner, de réprimer ces mouvements divers
de tant d'affections contraires ?

L'amour sépare du reste des êtres l'individu
aimé ; il le distingue essentiellement de tout
autre du même sexe : il conduit donc à la possession exclusive, qui n'est pas seulement une
convention dans l'amour, mais plutôt un résultat de la nature des choses pour ceux qui
aiment.

Cependant c'est une faiblesse de se passionner pour ce droit. Il est convenable, il est sa-

tisfaisant, il est beau ; mais il faut y mettre
peu d'importance, dès lors qu'on n'en jouit pas.
Ce privilège existe et subsiste naturellement, ou
bien il cesse d'être essentiel.

Nos jalousies sont ridicules, parce qu'elles
sont insensées. Si d'ailleurs elles montrent quelque force dans l'amour, ce n'est que celle d'un
amour erroné, d'un amour sans noblesse. La
jalousie ne convient qu'à l'animal qui ne réflé-
chit point : elle est dans l'instinct plus que dans
la volonté. Ses soupçons, ses démarches, tant
d'excès, d'impuissance et d'angoisse, sont d'un
cœur étroit, incertain, extrême, et qui échappe
aux lois d'une raison infirme. Il est de justes
précautions : l'inquiétude, le désir de s'assurer
du vrai, sont alors une affaire et non point une
passion ; c'est souvent prudence ou nécessité, ce
n'est pas jalousie. Mais dans le véritable amour
on n'a rien à craindre, à savoir, à découvrir : une
belle âme ignore ces sollicitudes.

Si une femme qui s'est livrée à un homme, se
livre aussi à un autre, il n'existe point en elle
un premier sentiment qui mérite le nom
d'amour. Quel si grand prix peut avoir alors
cette possession exclusive ?

Si elle dissimule, si elle s'attache à tromper celui qui la possédait d'abord, mérite-t-elle qu'on regrette une liaison qu'il serait honteux de ne pas rompre ?

On estime sans réserve lorsqu'on aime réellement. L'estime raisonnée doit exclure le soupçon de perfidie.

Il arrive que l'on possède sans aimer : alors la possession exclusive n'est qu'une convenance que la prudence et la délicatesse peuvent exiger. S'en assurer est un soin semblable aux autres soins de la vie ; cet arrangement ne doit point passionner.

On a regardé la jalousie comme une affection mâle et noble. On a mis son honneur à jouir seul d'une femme, supposant apparemment que celui qui laissait jouir un autre ne le souffrait que par impuissance. Ce sont de pareilles bévues qui mènent si longtemps des millions d'hommes.

Cet honneur jaloux date apparemment des temps réels ou supposés de l'enfance du monde ; il provient de l'isolement où les hommes étaient alors, de l'isolement où se sont trouvés les hommes de certaines contrées.

Dans un ordre établi, dans une morale raisonnée, la jalousie n'est qu'une faiblesse ou une sottise. Mettez de l'importance à la possession,

quand vous aimez ; mais alors vous aimez avec
confiance, vous n'êtes point inquiets, vous n'avez
point besoin d'être jaloux. Si vous n'aimez pas
avec confiance, vous n'aimez pas. Si vous aimez
sans être aimé, cessez d'aimer. Cela est très
difficile quelquefois ; aussi j'ai dit que la jalousie était une faiblesse, quand ce n'était pas une
sottise.

Mais, dira-t-on, l'on aime sans estimer. Alors
l'amour est une démence, et je ne sais point de
lois morales pour les maniaques.

Mais enfin la jalousie est dans la nature. Que
m'importe ? Les haines, les fureurs, l'ingratitude
sont aussi dans la nature.

Les restes inconsidérés d'un noble enthousiasme faisaient de l'Honneur une déité mystérieuse. Les passions seules réglaient alors les
opinions. Ce n'était plus l'honneur, première loi
de l'homme de bien, c'était la manie de l'honneur ; et l'on consacrait comme des lois sociales,
les sottises que cet honneur-là mettait à la
mode. L'homme le plus vertueux était déshonoré pour des fautes qu'il n'avait pu ni partager,
ni prévoir. Il était compromis, si quelque étourd
venait compromettre, ou soupçonner, ou ca-
lomnier sa femme. Ce caprice d'un honneur trop

sévère pour être toujours juste, paraît cesser
parmi nous ; mais beaucoup de peuples en suivent encore les écarts.

On prétendra que ces préjugés, peu équi-
tables mais respectés, servaient à maintenir les
mœurs et l'union domestique. Je ne le nie pas :
c'est un moyen, comme tant d'autres que nous
avons trouvés ou conservés, comme la sécurité
qu'on obtient par la mutilation des Eunuques,
comme le déshonneur des fils pour le crime du
père dont la conduite leur était apparemment
soumise, comme les tortures qui ne laissent pas
de faire découvrir quelques complices, comme
les avantages que l'anatomie retire de nos
exécutions sanglantes, digne reste des codes
barbares.

III

DE LA CONSTANCE

On se plaint toujours du cœur de l'homme, comme si les discordances étaient en lui et non dans les usages, et dans le train du monde social qui cause ce que l'on appelle les bizarreries, les inconséquences, la légèreté du cœur ou de l'esprit humain. Pour moi, il me semble que l'homme est, du moins à peu près, ce qu'il peut et doit être, au milieu des choses telles qu'elles sont, dans le monde tel qu'il va. Je ne vois rien dans ce cœur si impénétrable, dont on ne puisse rendre raison. Je ne vois dans ce cœur si dépravé aucune affection qui ne soit motivée en quelque sorte, et même juste absolument parlant, c'est-à-dire indépendamment des lois convenues : c'est le résultat des causes extérieures qui agissent sans cesse, et contre lesquelles on ne dit rien. L'inconstance humaine n'est point surprenante, ni même déréglée. Il est naturel que l'on cesse de désirer ce que l'on possède; pourquoi même ne cesserait-on pas enfin de l'aimer? Il ne reste qu'un goût tranquille, et froid dans certains tempéraments, un attachement d'habitude. L'imagination ne devant plus nous montrer la chose obtenue, puisqu'il est inutile de répéter les efforts qui l'ont fait atteindre, la pensée cesse de s'en occuper, et l'âme s'attache aux choses nouvelles que l'imagination lui présente. Dès qu'un besoin est rempli, la nature éteint les désirs analogues, et les remplace par le sentiment des besoins qui nous restent à satisfaire.

Dans des sermons, dans plusieurs livres qui ont un titre moral, dans beaucoup de chansons, on reproche aux hommes de se lasser promptement de ce qu'ils possèdent, de perdre dans la jouissance l'illusion des désirs, et de ne voir qu'avec indifférence auprès d'eux ce qu'ils regardaient avec enthousiasme dans l'incertitude de l'éloignement et le prestige de l'espérance. J'imagine un moine parfait, qui ne sent plus en lui, qui ne connaît plus d'autre loi, d'autre ordre

naturel que les avertissements de la cloche
sainte, et qui dit à des mondains : Quelle inconstance est la vôtre ! ô bizarrerie de l'homme dé-
chu ! faiblesse du siècle ! vous vous mettiez à
table avec une sorte de joie et d'impatience, et
maintenant, sans que rien vous le commande,
vous vous retirez, rassasiés et presque dégoûtés.
Hier je vous vis vous endormir avec une volupté
désordonnée, et pourtant ce matin, ennuyés de
votre repos, et, sans avoir rien à faire, vous
avez quitté en bâillant ce lit sur lequel vous aviez
tout laissé dix heures auparavant. Tant de faiblesses prouvent bien que l'homme livré à lui-
même n'est que folie et contradictions ; qu'il lui
faut une règle, une chaîne religieuse : dès qu'il
est libre, il tombe aussitôt dans l'esclavage de
l'esprit de désordre et de ténèbres.

La Constance est une habitude belle et noble :
c'est le résultat d'une humeur douce, le penchant d'une âme droite, la conséquence d'une tête
bien organisée ; mais les événements ne la prescrivent pas toujours, ils peuvent la rendre ou
nécessaire, ou bonne seulement, ou indifférente,
quelquefois même mauvaise.

La disposition à la constance dans les affec-

tions est naturelle à un homme de bien. Se
conduire d'après cette disposition, c'est très
souvent une convenance ; mais ce n'est un devoir positif que lorsqu'un engagement l'a rendu
tel. C'est la promesse seule qui en fait une loi.
Quand la promesse n'est que tacite, elle est encore obligatoire : il faut ou se conduire comme
étant lié, ou faire entendre clairement qu'on ne
prétend pas l'être.

Mais ce à quoi l'on ne saurait être tenu, ce
que l'on ne saurait promettre raisonnablement,
c'est la durée des sentiments actuels. On peut
inférer de ce qu'ils existent de telle ou telle
manière, qu'ils existeront longtemps ; mais c'est
une témérité de l'affirmer, c'est une imprudence
de se le promettre à soi-même, c'est une sottise
de n'en pas douter ; le serment serait une perfidie ; jamais pareille promesse ne fut faite sé-
rieusement que par un fourbe ou par un écer-
velé, par une machine à passions.

Dès qu'une liaison s'établit entre des personnes honnêtes, c'est un engagement d'être exclusivement l'un à l'autre tant que ce lien durera,
de ne se jamais tromper, et dès lors de faire
connaître avec franchise le moment où ces dispositions viendraient à cesser. Cette promesse

mutuelle devrait être faite expressément : elle
est nécessaire au repos, elle donne une sécurité
entière à quiconque mérite le nom d'homme. Ce
n'est que dans la confiance de l'estime, dans
cette noble certitude, que l'on jouit d'une intimité digne des âmes honnêtes.

Il faut que les derniers temps d'une union
soient semblables aux premiers. Pourquoi ne le
seraient-ils pas? Si les désirs cessent, l'union
n'est plus. Cependant les sentiments peuvent
changer de nature, et rester louables encore ;
mais on sent bien que ce n'est pas un changement semblable qui détruit l'union. « Ce ne
sont que les amants vulgaires qui commencent
par des vœux et finissent par des volontés »,
dit Manuel, dans le *Discours Préliminaire des
Lettres Originales de Mirabeau.*

Si une liaison peut durer autant que nous, elle
fera notre bonheur ou notre consolation ; mais
n'oublions point les lois du sort, n'allons pas
jurer d'aimer toujours : nul n'est certain d'aimer
le lendemain. L'on atteste la sensation présente
ou l'événement passé ; le reste, l'homme
l'ignore.

Dans le mariage, les promesses sont pour la

vie. C'est quelque chose de bien hasardé que cette institution : elle exige une abnégation utile peut-être dans les États, inutile par elle-même dans l'État. Cette abnégation veut un appui surnaturel ; et c'est une grande inconséquence de proposer universellement une force surnaturelle, et prétendre qu'une grâce particulière descende dans les derniers rangs, tandis qu'elle n'est pas toujours descendue sur les premiers des humains.

Heureusement cette union, intolérable lorsqu'elle est mauvaise, peut être supportée sans être parfaite. Le mariage est un engagement civil : on peut s'y promettre fidélité, bienveillance et protection pour la vie ; mais s'y promettre un amour durable, c'est une chose absurde. Imaginer que l'amour subsiste, qu'il existe même dans tous les mariages, ce serait une erreur manifeste. Tous doivent être mariés : et si peu sont capables d'avoir de l'amour, si peu sont faits pour en donner !

L'union suivie et constante promet des avantages réels : les jouissances que le cœur y trouve seront assurées et augmentées par la connaissance du caractère, par la douceur des habitudes : l'âge avancé qui perdrait les plaisirs de l'amour, jouit encore de ceux-ci. L'amitié ancienne qui les remplace doucement, ne laisse point de regret, puisqu'elle fait tout subsister, excepté ce dont le besoin ne subsiste plus.

L'habitude ne diminue pas, chez un homme juste et sensé, les plaisirs d'une possession indépendante des affaires et des assujettissements de la vie. Le choix peut avoir été mal fait ; mais des choix semblables sont rarement mauvais, quand on choisit avec les intentions d'un cœur droit, avec la prudence d'une tête saine. Ce qui était aimable peut cesser de l'être : mais alors ce n'est pas l'habitude qui détruit la jouissance, il n'y a point d'inconstance.

Les mauvais choix, l'amour-propre, une affectation de légèreté, d'autres vues plus basses, peuvent rendre le changement séduisant pour l'âge irréfléchi. Il est vrai même que si la constance n'avait pas des avantages essentiels, et que le temps rendra tous les jours plus sensibles, on ne saurait se dissimuler ceux du changement ; ils sont spécieux et naturels ; ils viennent ou des choses ou de nous-mêmes, de nos inadvertances, de notre faiblesse, et des vicissitudes de notre destinée. Mais la persévérance dans les habitudes donnera des biens plus pré-

cieux, toutes les fois qu'elle sera possible et raisonnable, toutes les fois que l'objet d'une liaison
n'aura pas été choisi inconsidérément, et que les
événements ne nous feront pas une loi de nous
en séparer.

Le principal avantage général que la nature
des choses puisse promettre dans le changement, c'est le renouvellement de la progression
passionnée, de cette agitation préférée par plusieurs à la paix de l'amour heureux.

L'indolence avec laquelle nous laissons le
prestige se dissiper dans nous, dès que la passion
s'arrête, donne plus de force à ce désir de la voir
renaître. Le sentiment du passé devrait soutenir
l'affection aimante, lorsqu'elle cesse de s'ac-
croître, lorsque l'espérance ne la soutient plus.
Mais trop de facilités, trop d'occasions d'acqué-
rir, entraînent à laisser perdre ce que l'on possède. Dans la solitude, l'amour ne s'affaiblirait
pas autant. On conserve avec beaucoup de soins
ce dont la perte ne saurait être réparée : l'homme
exilé dans des lieux déserts, craindrait de ne
pouvoir rallumer le feu de son foyer ; il s'occu-
perait de l'entretenir. Ce qui rend l'amour si fu-
gitif, c'est encore la négligence dans le succès :
on oublie de rester tel que l'on était lorsqu'on a

été aimé. Le temps détruirait la passion, mais lentement, insensiblement, et d'ailleurs en détruisant le besoin d'en éprouver. L'attachement subsisterait ; et, comme il se rencontrerait des choix bien faits, et même quelques passions convenables, on verrait des unions heureuses jusque dans ces liens sans nombre, dont le Sacrement promet la perfection.

Si l'amour est réduit à n'avoir que le sens pour objet principal, il reste encore assujetti aux convenances morales. Alors on peut jouir sans aimer ; mais non sans cette estime qui justifie la confiance, sans cette prudence que l'homme de bien ne sait pas négliger pour des plaisirs, sans cette simplicité dans les procédés, cette bonne foi qu'il n'oublie jamais, et qu'il a droit d'exiger toujours, sans cette délicatesse qui devrait distinguer les sensations humaines des appétits grossiers. Ce goût, ce soin délicat, c'est la pudeur du plaisir : il nous échapperait dès les premiers moments ; mais elle en conserve les proportions et les convenances, elle prolonge quelques illusions jusque dans l'intimité la plus entière, dans la possession la plus libre.

IV

DE LA CONTRAINTE EN AMOUR

Dans les siècles d'étonnement et d'alarmes qui suivirent les grands désastres du globe, l'idée d'apaiser une divinité terrible porta les hommes aux efforts d'un dévouement presque sans bornes. C'était bien mériter des restes malheureux de la société consternée, que de se faire victime pour elle ; l'individu renonçait à lui-même afin d'obtenir que la tribu subsistât. Peut-être aussi la famine frappa-t-elle dans leurs asiles les sociétés renaissantes sur la terre désolée et bouleversée ; peut-être les victimes désignées eurent-elles le choix de la mort ou de la continence dans un exil solitaire.

Il est peu de recherches plus importantes que l'étude de ces opinions antiques, dont les traces subsistent dans toutes les contrées. Cette direction de l'opinion s'opposa depuis aux institutions qui eussent été convenables aux peuples, lorsqu'ils multiplièrent sans crainte sur la terre parvenue enfin à cette sorte de repos qui la rend fertile.

Mais les questions morales ou politiques relatives à l'union des sexes, embrasseraient tout ce qui résulte de la nature de l'homme ; il faut s'imposer la loi d'écarter les digressions auxquelles on serait le plus naturellement entraîné.

Sans chercher quelles furent les premières causes de l'estime extraordinaire que l'homme porté au plaisir fit pourtant de la continence, de la chasteté, de la virginité, voyons seulement combien cette opinion fut générale, quelles sont à peu près les raisons qui portent à la maintenir parmi les modernes, et quel jugement nous pouvons en porter.

L'île de Sené chez les Gaulois était gardée, dit-on, par neuf vierges : elle était peuplée de femmes qui vivaient dans une sorte de règle religieuse et dans la continence. Il y avait des interruptions pourtant, car on ajoute qu'elles se rendaient sur le continent à de certaines époques. Les prêtres égyptiens gardaient la chasteté. Les

prêtres de la Syrie se mutilaient. Les Gymnoso-
phistes, et, d'après eux sans doute, les Esséniens,
les Nazaréens, les Hiérophantes, observaient un
célibat prescrit par le culte: La Thébaïde contint
quarante mille Anachorètes. On avait vu dans le
Saïd des milliers de femmes et d'hommes séparés
et vivant en passagers sur la terre.

Et tout n'est que passage et chemin sans but !
Mais en faisant malgré soi cette route incertaine,
pourquoi choisir le sol aride, au lieu d'avancer
plus doucement sur des sentiers commodes ?
L'orage du soir frappera également et le front
chargé de sueurs et le front tranquille.

Le précepte ou le conseil de la continence religieuse dans les contrées orientales est assez
connu : l'on verra mieux combien il fut universel, si l'on considère que les rites qui parurent
y être contraires dans les Indes, la Syrie et
l'Égypte, n'eurent probablement pas d'autres
principes. L'exposition du Phallus dans les
temples paraît avoir succédé, chez plusieurs
peuples, aux preuves réelles de la mutilation des
prêtres. Cette institution considérée ainsi, n'est
plus en opposition avec les mortifications et le
célibat fanatique de ces contrées : elle se rap-

porte à l'ensemble immense des macérations, du dévouement, des sacrifices humains, des divers modes de pénitence, monument déplorable du Cataclysme que tant d'autres monuments attestent, maladie contagieuse contre laquelle on opposa peu d'efforts, et qui subsiste comme ces calamités physiques aussi anciennes peut-être, et que tant de siècles n'ont pu détruire encore.

L'éléphantiasis si redoutable chez les anciens, et dont l'Abyssinie n'est pas encore délivrée, selon Bruce, la peste passagère mais toujours renaissante, la petite vérole si dangereuse en Asie et en Amérique, la hideuse maladie d'Haïti, ne suffisaient pas pour prévenir l'excès de population que nos lois s'avisent d'exciter. L'esprit de pénitence qui dérange la tête des hommes, la rage de la guerre qui corrompt leurs habitudes, ont trouvé moins d'oppositions ; l'industrie humaine ne les repousse point, elle les encourage, elle les divinise. Il y avait des lieux et des temps où les autres fléaux manquaient : ceux-ci du moins ne manquent nulle part et ne sont jamais interrompus.

On n'objectera point qu'il n'y a pas partout des Bonzes, des Joguis, des Hermites ; car il s'agit de l'esprit d'austérité dont le Monachisme n'est qu'une division. La manie de trouver du mérite dans la difficulté morale s'étend, à bien peu de chose près, sur tout le Globe.

Le système de réparation et d'expiation a prévalu dans l'antiquité : il faut qu'il nous asservisse encore aujourd'hui. Les générations modernes, instruites et multipliées sur le Globe enfin tranquille, doivent conserver les opinions des races tremblantes qui s'asseyaient au milieu des débris. D'anciens législateurs cherchèrent à substituer aux sociétés frappées d'anathème, des sociétés plus pures, plus subordonnées, plus saintes devant le Dieu des vengeances. Après soixante siècles, quel novateur oserait examiner ces traditions qui sanctifient la continence et dénaturent la pudeur !

L'importance que l'homme attache à la virginité des femmes, ne provient pas seulement sans doute de la manie jalouse d'une possession exclusive. La vanité de l'égoïsme peut en être maintenant la seule raison ; mais il paraît que l'estime superstitieuse d'une continence absolue en fut la cause première.

L'Égypte n'a fait que des ouvrages durables. Ses opinions et ses rites subsisteront autant que

ces monuments de Memphis élevés comme des
bornes contre les forces du temps, et qui semblent moins proportionnés aux jours de l'homme
qu'aux révolutions des astres. Les Chrétiens ne
se sont point séparés de leurs prédécesseurs. Juifs
ou Gentils dans leurs fêtes et leurs pratiques,
Orientaux dans leur morale et leurs dogmes,
ils ont de fortes raisons de dire que tout ce qui
était avant eux, avait pour destination de leur
préparer les voies.

Quand on ne connaissait d'autre passion que
l'amour, et d'autres devoirs que les moyens de sus-
pendre le courroux du ciel, il était naturel que
les idées relatives à la propagation de l'espèce,
fussent liées à celles du culte de l'Être puissant
dont la vengeance avait puni la multiplication
des hommes. On évitait toute souillure pour paraître devant les autels, ou seulement pour être
agréable à la divinité ; on s'interdisait celle qui
pouvait résulter de l'union des sexes. On voulut
que le mal fût impossible, ou que le dévouement
fût attesté : les uns furent mutilés, les autres
furent seulement circoncis ou rasés. Des femmes
nues et épilées dansèrent devant le bœuf saint ;
des prêtres furent également nus pour les sacri-

fices : on a vu dernièrement renaître ces idées
de pureté opposées aux nôtres, mais tout aussi
naturelles à l'homme, quand il veut raisonner les
conséquences d'un principe déraisonnable.

La secte des Gnostiques, dont il paraît que
l'origine était Pythagoricienne, fut renouvelée
dans l'Orient, au second siècle de l'ère vulgaire,
par un nommé Carpocrate. Elle fut Chrétienne
alors, et néanmoins elle eut en horreur toutes
les privations des sens. Les jours de dévotion
étaient des jours de festins. On était nu dans
ces assemblées ; les femmes étaient communes,
et toutes les jouissances étaient approuvées.
D'autres prétendirent que les Adamistes, disciples de Prodicus, au IIᵉ siècle, avaient voulu
concilier une continence sévère avec cette nudité
absolue. Dans le XIIIᵉ siècle, un nommé Taur-
mède renouvela la secte des Adamistes ; suivi
de trois mille soldats, il enlevait les femmes.
Picard, au commencement du XVᵉ siècle, porta
ces innovations des Flandres en Bohême, puis en
Pologne. Le principal asile des Picards fut détruit en 1520, par le fameux chef des Hussites,
Ziska ; mais on prétend qu'il s'en trouve encore
en Pologne, et que même les Hernutes en sont
les successeurs. Les Picards ne furent pas de

parfaits Adamistes : ceux-ci avaient été nus dans les places publiques, ceux-là se contentèrent de l'être dans leurs assemblées ; mais ils admirent la communauté des femmes et l'entière liberté des jouissances : écarts habituels aussi insensés peut-être qu'une continence absolue.

Il n'est pas inutile de mettre souvent sous les yeux cette vérité, que les choses que la multitude jugerait les plus romanesques ont été réalisées. Elle en conclura peut-être enfin que ce qui fut fait en mal pourrait être fait en bien.

Il suffisait que l'austérité des mœurs fût établie et admirée pour qu'elle se perpétuât ; les raisons qui conservent parmi nous cette austérité ne sont pas difficiles à reconnaître : elles n'eussent pas été assez puissantes pour la faire admettre, mais elles le sont assez pour en prolonger l'empire.

Nous avons des institutions qui s'accommodent fort bien d'une populace imbécile et malheureuse. Qu'ils naissent, qu'ils travaillent, qu'ils ne nous volent pas, et qu'ils soient désunis et patients ; le reste est leur affaire. Chez de semblables peuples, l'amour doit entraîner à des excès hideux ou criminels. Les inconvénients de l'amour devaient donc frapper les législateurs, les sénateurs,

presque tous *seniores*, qui se ressouvenaient eux-
mêmes du délire inconsidéré de l'amour, et qui
n'étaient plus d'âge à chercher, ni peut-être à
comprendre les ressources qu'un véritable législateur trouverait dans cette passion universelle
et susceptible de tant de modifications.

D'autres se sont faits vieux dès leur jeunesse,
ils n'ont pu conserver de viril que l'instinct de
dominer, ils ont proscrit l'amour pour affaiblir
les consciences ; ils voulaient régner dans le vide.
L'amour a beaucoup contribué à l'autorité du tri-
bunal de pénitence : les autres confidences auraient pu en éloigner, celles-ci savaient y ramener.

La Continence est, chez les Chrétiens, la vertu
par excellence ; en quoi je ne les comprends pas,
dit Usbek, ne sachant ce que c'est qu'une vertu
dont il ne résulte rien.

L'homme qui ne jugera point avec prévention,
ni selon l'intérêt mal entendu de ses désirs, verra
sans doute que le mérite d'une continence entière
est une vertu chimérique ; mais il sentira que ce
serait un excès non moins déraisonnable, et plus
funeste encore, de ne soumettre ses fantaisies à
aucune loi.

Plusieurs se sont jetés dans ces désordres en
haine de l'ordre trop austère, mal motivé, mal

raisonné, auquel une morale mélangée bizarre-
ment prétendait les assujettir. Des prétextes ex-
cellents, transmis de la sagesse de tous les siècles,
ont été discrédités par ce rigorisme ridicule et
erroné que des sectaires ont rendu dominant.

La continence est une résistance aux mouvements de la marche des êtres, aux lois de l'ordre :
elle ne peut être ni exigée, ni même conseillée
en général ; mais la justice et la prudence con-
seillent ou exigent très souvent des privations
accidentelles. Un bien qui attaque les droits des
autres hommes, ou qui nous entraîne nous-mêmes
à des malheurs que nous pourrions prévoir,
n'est plus un bien, mais une imprudence ou une
faute, une sottise ou un crime. Et par les mêmes
raisons, par des conséquences aussi incontes-
tables des lois premières, un plaisir juste et prudent, qui ne nuit à personne, et dont on ne peut
prévoir que l'on doive jamais se repentir, fait
partie de nos droits dans la vie sociale : c'est une
compensation légitime des peines et des ennuis
auxquels tout le reste semble nous livrer.

La continence, selon le vrai sens du mot, ce
produit de la volonté, cette sorte d'acte par lequel on se contient, ne peut être qu'une vertu
réelle. Il est bon, il est utile au plaisir même que

8

l'on soit toujours maître de soi ; mais contenir
ou régler ses désirs, ce n'est pas les réprimer
toujours, c'est les assujettir à la raison. La raison
ne veut point les éteindre : elle les retient quand
il le faut, mais dès lors qu'il n'est pas criminel,
avilissant ou dangereux de les suivre, elle les
approuve, elle les autorise, elle en conserve la
liberté naturelle.

Ce qui est à la fois utile aux hommes réunis,
et juste parmi les hommes en société, ce qui est
vraiment beau, c'est l'alliance de l'honnête et du
libre : quand elle est entière, il y a là quelque
chose de sublime.

Nos villes et nos champs sont peuplés de
femmes chastes par asservissement, et nommées
vertueuses sans vertu réelle. Cependant, aux
yeux de celui qui ne considère pas seulement la
chose visible et le résultat du moment présent,
cette prétendue pureté de mœurs ne sert pas
moins que la licence à la corruption de la morale : les principes mal combinés s'altèrent au
lieu de se féconder.

Celui-là est fort, dont la volonté inflexible est
de se soumettre sans aucun écart à la loi raisonnée, mais qui, restant libre de tout joug irréfléchi, cède franchement aux penchants naturels.

La modération, la prudence, le devoir convenu, sont des lois de la nature aussi nécessaires que les premiers penchants qu'elle inspire. Quand on ne sait pas accorder ces diverses lois, on appelle vertu l'opiniâtreté à suivre ce que l'on redoutait : mais une âme juste les connaît toutes et les établit en elle avec ce vrai courage qui n'étant pas étonné par les difficultés, ne les cherche pas plus qu'il ne les évite, et n'affecte point une préférence farouche pour ce qui est plus pénible sans être meilleur.

La sagesse est la manière habituelle d'agir et de vouloir avec force, avec modération, pour l'ordre, et d'après les principes adoptés en conséquence de l'étude que l'on a faite de l'honnête et du vrai.

V

DE LA PUDEUR

Nos sociétés imparfaites sont assises sur des bases usées par la marche du temps. Les monuments de l'homme libre vieillissent ; les beaux caractères de la langue antique s'effacent. Que de siècles ont passé sur ces grands essais ! La longue habitude a rendu nos idées uniformes comme nos vêtements. Tout s'est placé sous le joug de l'usage ; et les hommes n'ont plus de formes qui leur soient propres, parce que l'homme a perdu sa forme primitive.

La prudence, cette prudence d'un jour, supprimerait chaque ligne, dès qu'il s'agit des vérités méconnues. La routine élèvera ses mille voix pour soutenir la Pudeur qu'elle chérit. Ces voix tomberont ; la Pudeur actuelle tombera ; la Pudeur vraie sera durable comme l'homme.

Mais avec qui s'entretenir des choses réelles ?
Qui songe à les lire ? Je ne sais rien de plus bizarre maintenant que de chercher ce qui est vrai
essentiellement, ce qui serait utile. La loi de la
Terre sociale, c'est l'habitude. Les fantaisies lo-
cales sont la raison de la contrée où elles règnent :
et l'on est immoral, si l'on ne s'attache pas à les
perpétuer !

Si l'on n'a pu s'entendre sur la Pudeur, c'est
qu'on l'a dénaturée. Plusieurs la regardent
comme un résultat nécessaire de notre organisation ; quelques-uns prétendent qu'elle n'est qu'un
produit accidentel de nos habitudes. Tous ont
raison : mais, pour les concilier, il faut cesser de
confondre la pudeur naturelle et la pudeur ac-
quise. Ce que nous nommons pudeur s'écarte
trop des lois réelles. N'avoir aucune pudeur,
c'est s'en écarter autant.

Si la pudeur était contraire au plaisir, comment appartiendrait-elle surtout à l'âge de
l'amour ? Les enfants ne la connaissent pas, les
vieillards semblent la méconnaître ; elle ne soumet que ceux qui peuvent jouir, elle n'est puissante que chez l'homme capable d'aimer, elle
n'est souveraine que dans le sexe qui met le plus

d'importance à l'amour. Je ne vois pas pourquoi chercher, ni comment trouver la raison d'une opposition mystérieuse entre l'amour et la pudeur. Au contraire, la pudeur ne saurait exister dans celui qui n'aurait pas le sentiment du plaisir, et elle ne peut être connue vraiment que du cœur fait pour aimer. Cette opposition n'est à mes yeux qu'un rêve, où il est très inutile de disserter pour chercher les causes imaginaires d'un effet tout aussi chimérique.

La pudeur est en nous pour ajouter au plaisir, et non pour le réprimer.

La pudeur est une crainte fondée sur le sentiment délicat de l'harmonie, de la grâce, des illusions séduisantes. Elle avertit de tout ce qui serait contraire, de ce qui arrêterait l'espoir ; et ce n'est point le plaisir qu'elle refuse, mais elle repousse ce qui l'affaiblirait. La cause de la pudeur est ce mélange de choses heureuses et désagréables, qui se trouve dans les jouissances de l'amour. Ce mélange est triste, et nous ne saurions le détruire : mais la pudeur nous en permet l'oubli.

Par des dispositions premières qui ne sont point selon nos goûts, les mêmes organes dans les animaux servent à la plus grande des jouis-

sances physiques, et à des sécrétions repoussantes. Ce rapprochement de ce qui plaît et de
ce qui choque, produit des sensations disparates,
dont l'opposition arrête péniblement nos sens entraînés dans la progression du plaisir. La Pudeur est plus grande dans le sexe où ces con-
trastes sont plus remarquables. Sans attribuer
ces lois de la nature à des intentions finales,
voyons seulement l'utilité que nous en reti-
rons.

Si tous les genres de séduction se trouvaient
réunis pour les jouissances de l'Amour, le plaisir serait plus grand, mais l'homme ne s'arrêterait point, il ruinerait entièrement ses forces.
Au contraire, diverses choses plus ou moins
odieuses à nos sens, arrêtent nos désirs, en sorte
qu'ils ne subsistent guère au delà des besoins,
quand l'habitude de l'imagination ne les a point
exagérés.

La pudeur est un instinct de prudence : c'est
un choix dans le plaisir pour en éviter les inconvénients, c'est une conséquence de la délicatesse
et de l'étendue des sensations, de la différence
bien sentie entre tout ce qui peut attirer et tout
ce qui peut repousser.

« Jeune épouse ! fais attention à ce que le lit

conjugal ne conserve pendant le jour aucune trace de ce qui s'y est passé la nuit. » (*Lois de Pythagore*, p: 2068).

Si une femme est avilie quand elle a perdu la pudeur, c'est qu'elle ne peut pas la perdre tant qu'elle n'est pas vile : la pudeur réelle est inséparable d'une organisation délicate.

La pudeur n'est donc point un sentiment contraire aux sensations de la volupté. Quelquefois, sans doute, elle réprime les plaisirs, mais en général elle leur est favorable : celui qui sait jouir ne la trouve pas importune.

Des plaisirs grossiers ne sont point conformes à l'ordre. Quelques-uns disent que rien n'est honteux, que la délicatesse de goût, la pudeur sont factices, et que si tout est dans la nature, tout est semblable. Mais cette honte ne serait-elle pas aussi dans la nature ?

La Métrie prétend que l'homme est au-dessous des quadrupèdes, parce qu'il se cache pour jouir. Je n'entends pas bien comment plus d'étendue dans l'instinct peut être une marque d'infériorité.

Helvétius veut que la pudeur ne soit qu'une invention de l'amour raffiné. Ce serait une ruse

des femmes ; mais elle est commune aux deux
sexes, elle est fondée sur un sentiment difficile
à surmonter, agréable même à suivre et qui paraît commun à tout être bien organisé. L'art ou
plutôt l'artifice en amour, ne serait ni aussi universel, ni aussi conforme à nos dispositions. La
pudeur n'est point l'effet d'un projet, la suite
d'une volonté raisonnée ; c'est plutôt un principe de mouvements naturels et souvent irréfléchis, de volontés que la raison peut déterminer,
mais qu'elle ne produit pas dans l'origine.

« L'usage nécessaire, mais désagréable aux
sens, pour lequel la nature a disposé les con-
duits inférieurs du corps humain ; les changements involontaires auxquels les parties des
sexes sont assujetties ; la facilité de les blesser
en dedans ou en dehors, lorsqu'on habite tout
nu au milieu des bois, a porté les hommes à les
couvrir les premiers, tant pour les cacher que
pour les garantir... Parce que ces parties étaient
la sentine du corps humain, et qu'elles étaient
par préférence dérobées à la vue, on y a attaché
une idée de turpitude, et on les a nommées honteuses... Et si l'on y prend garde, *Pudor* ne si-
gnifiait dans son origine que ce qu'il devait
réellement signifier. (Les Latins définissent ce

mot : *Ob aliquam rem sordidam timor.*)Car c'est
précisément le même mot que *Putor*, synonyme
de *Fœtor*. Ainsi le mot pudeur, si l'on s'en fût
tenu à son origine, n'aurait jamais été employé
que pour exprimer une certaine espèce de sensation désagréable... » (*Traité de la Formation
mécanique des Langues.* Desbrosses, chap. II,
art. 16.)

D'autres, au contraire, ne craignent pas
d'avancer qu'une femme qui n'a plus ce qu'on
appelle vulgairement pudeur, ne peut plus avoir
aucune vertu. Cela serait vrai, si l'on entendait
cette pudeur qui nous fait éviter les choses
repoussantes ou funestes à la volupté : le sentiment de l'ordre et du beau en est le principe, et
quand ce sentiment s'éteint, l'homme moral périt
tout entier.

Mais si l'on dit qu'une femme qui jouit autrement que par devoir, est dépravée, je soutiens
que c'est une assertion fausse, une morale in-
sensée. Il en est du fanatisme de la chasteté
comme du fanatisme superstitieux. Celui qui
n'avait d'autre morale que l'opinion religieuse, a
tout perdu en la perdant ; un autre serait très
vertueux sans avoir de religion. Celle qui

n'avait de mœurs que par préjugés, a tout abandonné en perdant l'illusion de la pudeur, c'était
le chainon le plus fortement rivé par les moralistes ; mais celle qui cherche et révère la vérité
morale, peut jouir de l'homme et aimer la vertu.

La pudeur dans l'espèce humaine est l'éloignement pour tout ce qui altérerait le plaisir et
en détruirait l'illusion. Ce qu'on croit apercevoir d'analogue dans les animaux n'est pas toujours ce qu'on prétend. Si quelques espèces pré-
féraient un lieu écarté, ce ne serait point peut-
être par un sentiment de honte ; mais les
impressions extrêmes exigent qu'on s'y livre entièrement, et, dans les moments où l'on n'est pas
en état de défense, il ne faut avoir rien à redouter. Les bêtes n'ont point de honte de dormir, et
pourtant elles cherchent des asiles pour reposer
sans inquiétudes.

La pudeur réelle est plus grande chez les
femmes : on a vu pourquoi. Notre pudeur de
convention les asservit presque toujours ; et malgré le concours de ces deux causes, il ne parait
pas que ce soit à une plus grande pudeur qu'il
faille principalement attribuer cette résistance
qui sert les intérêts de leur empire, et d'autres
intérêts encore dont je pense bien que plu-

sieurs n'ont pas l'intention. La femme résiste davantage, parce qu'elle a plus de suites à craindre. Cette résistance appartient à la loi générale qui oppose les lenteurs de la femelle à l'impétuosité du mâle. Ces retards servent au plaisir : les femelles ne le refusent point, elles le diffèrent. Les fantaisies dont elles s'avisent, excitent l'opiniâtreté qu'elles aiment à produire : ces ruses et cette fuite forceront de joindre à des forces seulement suffisantes, toutes les forces que l'on peut employer ; ces temps, ce mouvement embraseront une ardeur qui était trop faible au moment qu'elle s'allumait. La femelle ne veut point être poursuivie par désœuvrement, mais avec passion ; elle ne veut point d'un simple caprice qu'une distraction pourrait affaiblir, qu'un autre caprice pourrait interrompre. Il faut à ses désirs, que cette volonté moins visible en elle, mais trop passagère dans le mâle soit devenue assez forte en lui pour être prolongée autant qu'elle le voudra : c'est un moyen indirect d'exiger que l'on soit toujours bien préparé pour un rôle qu'il ne faudra jamais remplir avec cette négligence que trop de facilité pourrait permettre.

L'incertitude des soins à prendre, l'inexpé-

rience du plaisir, le doute du succès, produisent
la timidité, sorte de grâce du désir dont il reste
toujours quelque chose quand les facultés du
goût ne sont pas éteintes. Mais la force des sensations voluptueuses la surmonte ; et dès que la
raison a jugé la circonstance convenable, la pudeur n'est plus que la délicatesse dans les jouissances.

Cet embarras dans le plaisir n'est pas une
honte, mais un effet des sensations extrêmes et
de tous ces mouvements contraires dans une
succession rapide d'impressions que l'on ne veut
pas toujours laisser voir. Souvent aussi ce sont
des soins de l'amour-propre : il faudrait éviter
de prendre tout cela pour les conseils d'une vertu
idéale.

Ainsi la pudeur, telle qu'elle peut être observée parmi nous, n'est pas une affection
simple, mais un résultat complexe. Aux causes
naturelles et à la honte qui vient du précepte, il
faut encore joindre une pudeur factice qui doit
résulter de notre habitude générale. On avait
une manière uniforme d'être vêtu, d'agir, de se
présenter. En amour il faut un langage nouveau,
des manières et des attitudes nouvelles. On craint
de surprendre, d'étonner, d'être remarqué ; on

sera observé, peut-être on paraîtra **ridicule** dans
cet essai : peut-être on éprouvera de l'opposition ; l'on restera confus, déconcerté ; comment
s'assurer l'approbation dans cette circonstance
sur laquelle toutes les pensées sont secrètes ou
déguisées ? Le premier amour est plein d'incertitudes et d'ignorance ; la pudeur règne alors.
Ensuite l'amour sait ce qu'il fait, et la pudeur
n'est plus que ce soin naturel que nous avons
reconnu, ou cette contrainte de préjugé que
nous avons blâmée.

La véritable pudeur est très importante ; elle
perpétue l'amour : non seulement ceux qui n'en
ont pas sont incapables d'aimer, mais ils ne sont
pas même dignes de jouir ; ils peuvent multiplier,
mais ils sont étrangers à l'amour humain. S'il
est peu d'unions heureuses, c'est, en grande
partie, parce que la pudeur est trop négligée
dans l'indiscrète liberté du Mariage, et même
dans d'autres occasions où l'habitude semble
éloigner l'attention des désirs, et la laisser se
porter sur les autres objets des sollicitudes et
des passions de la vie. Tant de choses nous paraissent nécessaires, que souvent celles qui sont
atteintes seront aussitôt oubliées, non pas précisément parce qu'elles sont obtenues, mais

parce qu'il s'en présente beaucoup d'autres qu'il
faut s'attacher à poursuivre.

Je ne suis pas encore parvenu à concevoir que
des personnes de sens, et à qui il fut donné
quelques notions des choses, trouvent tout simple
de coucher habituellement ensemble. J'aime
beaucoup mieux imaginer une famille Laponne
ou Hottentote, étendue pêle-mêle dans sa hutte
étroite, huileuse et enfumée. Ces gens-là sont
conséquents, et ils auraient raison quand même
ils n'y seraient pas forcés. Mais nous! quelle
excuse donner, nous instruits, délicats, nous qui
pouvons ce que nous voulons? C'est dans une
chambre achevée par tous les arts, que nous
plaçons un lit pour deux; c'est au milieu des
commodités choisies par les recherches de tant
de siècles, que nous nous réunissons, dix heures
par jour, entre les mêmes draps, comme si
nous craignions de maintenir entre nous le lien
du désir; comme si nous cherchions à interrompre la douce habitude de nous plaire ensemble;
comme si nous ignorions que l'intimité est altérée dès qu'une fois on l'a trouvée importune, et
que la laisser s'affaiblir, c'est vouloir la perdre.

Je ne puis blâmer en cela qu'un petit nombre :
la plupart ne peuvent point ce qu'ils veulent,

beaucoup même n'ont pas le temps de songer à
ce qu'ils voudraient. Nous ne sommes presque
jamais nous-mêmes ; nous faisons jusqu'à la fin
d'autres rôles que les nôtres.

Une raison éclairée connaît l'accord de la pudeur et de la volupté. La raison rend inaccessible à tout plaisir méprisé ; elle fait recevoir
ouvertement et posséder avec délicatesse une
volupté légitime et convenable, ou plutôt elle
admet toujours la volupté, elle rejette toute jouissance qui n'en mériterait pas le nom. Ce qui
n'est point juste et selon les convenances, n'est
pas une volupté réelle : la raison se soumettrait
aux privations les plus pénibles ; mais ce qu'elle
ne sait point supporter, c'est le plaisir immoral.

QUATRIÈME PARTIE

DES DEVOIRS

I

DE L'ORDRE MORAL

Quelles joies prétendez-vous sur ces terres difficiles où vous traînez la vie ? Ne savez-vous pas qu'il n'y en a point ? Évitez le mal ; c'est à cela que se réduit tout l'art du bonheur. Âmes aimantes ! je conçois vos désirs : mais à vingt-huit ans, vingt-huit seulement, vous allez sentir l'instabilité des choses. Restez irréprochables ; car c'est cela qui subsiste. Entrez en paix dans l'hiver de vos ans : l'hiver commence, non pas quand les jours deviennent moins grands, mais quand les heures deviennent moins belles.

Cependant pourrons-nous discerner ces devoirs dont l'exacte observance est si nécessaire au repos du cœur ? C'est ce qu'il importerait davantage de bien savoir, qui souvent reste le plus incertain. L'on suppose assez connu ce que

l'on sent ne pouvoir ignorer tout à fait; les notions
en deviennent vagues, nul n'examinant ce que
tous doivent décider, nul ne doutant s'il a bien
pénétré ce qu'il pense que tous sont en état d'entendre.

Les changements dans les langues donnent
un exemple sensible de cette altération des idées
vulgaires, lorsqu'on les regarde comme assez
simples pour être abandonnées à la direction ordinaire des esprits, sans que le principe en soit
rappelé.

Les opinions morales ne s'altèrent pas moins
que les expressions du langage. Et c'est quelquefois démêler très bien des choses qui paraissent confuses, que de les expliquer comme si
elles étaient très simples. Elles le sont, quand
au lieu de s'arrêter à des difficultés superficielles,
à des innovations qui les déguisent, on les juge
en remontant aux notions les plus naturelles.

Je crois que les hommes arriveront un jour à
ces notions simples et qu'ils établiront tout
avec facilité, quand on sera las d'avoir tout
essayé péniblement. Mais nul n'a choisi le siècle
où il eût pu désirer vivre.

Toute morale n'est que justesse. Tout est mesure mathématique. Cette expression de Platon

était bonne, l'Éternel Géomètre, Pythagore, alla
plus loin, lorsqu'il dit : « Nos vices et nos crimes
sont des erreurs de calcul. » Tout le bonheur de
la vie individuelle consiste dans l'harmonie des
ressorts, dans l'équité de l'âme et la justesse du
raisonnement. Toute la perfection du corps social consiste dans la proportion exacte entre les
sacrifices que chacun fait comme individu, et
l'avantage qu'il reçoit en compensation comme
membre de la Cité.

S'il n'y a pas de justesse dans les lois,
l'homme sera dépravé. Des lois actuelles de
l'Europe, les plus mal raisonnées sont celles qui
concernent l'Amour : c'est en cela aussi que la
déviation est plus grande, et que l'on respecte le
moins les lois. Ces infractions sur lesquelles on
semble toujours prêt à fermer les yeux, produisent plus de mal encore que celles des autres
devoirs.

II

DES DEVOIRS EN AMOUR

Le devoir est de ne faire volontairement aucun mal que l'on puisse reconnaître pour tel, et de faire le plus de bien que le permettent et les circonstances où l'on est, et les facultés dont on peut disposer.

Le Bien est la jouissance ; le Mal est la douleur.

La jouissance réelle, celle de l'âme, la jouissance connue et sentie, la *jouissance* exactement dite, est le sentiment de la possession de l'objet désiré. La jouissance improprement dite, n'est que la possession.

Le *bonheur* est l'état résultant d'une suite de sensations agréables. Les *bonheurs* sont les incidents, les occurrences heureuses.

La Félicité est un bonheur complet (à peu près) et permanent (pour quelque temps).

Le Devoir est d'augmenter les jouissances, de multiplier les *bonheurs*, afin de produire, s'il est possible, la félicité soit pour nous-mêmes, soit pour les autres.

Nos devoirs sont donc relatifs à tout ce qui peut souffrir ou jouir ; mais bien plus particulièrement à notre espèce, puisque les rapports sont nécessairement plus compliqués, plus nombreux et plus immédiats entre des êtres d'une organisation semblable ou analogue.

Ces devoirs sont plus sensibles, et dès lors plus obligatoires, en proportion du lien plus ou moins direct qui existe entre nous et les hommes.

Les devoirs sont plus grands entre des amis, entre des hommes d'un même pays, entre un fils et ses parents. Comment ne seraient-ils pas essentiels et sacrés entre un homme et une femme unis par un lien aussi important, aussi décisif que celui de l'amour ?

Puisque le plaisir et la douleur sont la base, la fin, la cause de tous les devoirs, comment le devoir entre un homme et une femme, qui s'unissent pour le premier des plaisirs, ne serait-il pas aussi sacré qu'aucun autre devoir ? De tous les liens, c'est celui dont il peut résulter, et dont il résulte habituellement le plus de jouissance et le plus de peines. Aussi n'est-il aucune loi morale plus corrompue et plus avilie, aucun ordre de choses où l'injustice, la perfidie, la dérision, le mépris et même l'ignorance des devoirs aient été portés si loin.

La véritable, la seule sagesse en cela, comme dans tout, c'est de n'attaquer les droits de personne, de ne point manquer à ses engagements, de ne rien faire qui sacrifie un long avenir au moment présent, qui nous prépare un repentir ou nous expose à des suites déplorables.

Tout ce qui n'est ni injuste ni imprudent, ce qui n'est funeste ni aux autres ni à nous-mêmes, n'est pas contraire aux lois de notre nature. Tout ce qui n'est point contraire aux besoins naturels des hommes en société, ne peut être que légitime, convenable, avoué par la raison.

L'hypocrisie en amour est un des grands fléaux de la société. Pourquoi l'amour sortirait-il de la loi commune? Pourquoi n'être pas en cela, comme dans le reste, juste et sincère? Toute vertu imaginaire, et même toute vertu accidentelle est suspecte. Celui-là seul est certainement éloigné de tout mal, qui cherche sans honte ce qui pourra le faire jouir sans remords.

La multitude a pris une sorte d'habitude de se conduire en amour comme dans une relation de fantaisie, et dont les conséquences ne seraient jamais sérieuses. Les raisons de cet usage malheureux ne sont pas difficiles à trouver. L'inconséquence des lois en est une des principales causes ; mais il en est une autre prise dans la nature des choses, et contre laquelle il fallait que nos institutions se dirigeassent. Elles n'ont cherché à le faire que par des sévérités inconsidérées qui ne pouvaient manquer d'ajouter à la confusion.

L'amour a le plaisir pour but, plus directement que les autres relations de la vie. Et remarquez encore que ce plaisir n'est pas perpétuellement exigé par nos besoins, qu'il n'est pas même constamment désiré, que même il n'est pas précisément nécessaire à l'individu vivant. L'arbitraire, les inégalités, les fantaisies, la légèreté de conduite, les doutes sur les principes, l'abus du raisonnement, l'irrégularité des voies secrètes, tout devait pervertir cette partie essentielle de la morale livrée à nos propres déterminations : et c'est bien plus encore que si elle nous était abandonnée, lorsque les lois dont on

s'avise pour la régler, sont de fausses règles
contraires aux lois naturelles, lorsqu'elles nous
fournissent sans cesse des prétextes pour prétendre réformer ces discordances, ou même des
raisons légitimes de négliger des dispositions que
l'on ne saurait approuver.

La morale la moins scrupuleuse condamnerait
cette sorte d'habitude d'agir inconsidérément en
amour, et de ne mettre aucune importance à des
actes dont tant d'intérêts dépendent. Il est même
superflu de s'arrêter à prouver ces devoirs si
étrangement méconnus : ils sont assez prouvés
par le désordre visible, et les désordres secrets
plus universels encore, que l'amour multiplie davantage peut-être que les autres passions réunies,
et qui font tant de victimes, surtout parmi les
femmes.

Dans les plus grands intérêts de la vie, les
devoirs fondés sur des promesses, sur la confiance, fondement sacré s'il en est, sont des devoirs sérieux, ce me semble. *Sérieux* est devenu
le mot nécessaire, quand on a été jusqu'à rire
des devoirs en Amour. Cette erreur étonnante a
une cause, car tout en a une.; mais ce n'en est
pas moins une sottise insigne. Les vieilles habitudes de cette morale aussi farouche qu'erronée,

nous ont appris à séparer, dans nos têtes asservies,
les idées de plaisir et celles de devoir ; comme
si ce n'était pas toujours sur le plaisir à atteindre,
ou sur la douleur à éviter, que se trouve fondé
plus ou moins directement tout ce qui existe
parmi les hommes ! Qui ne sait que ce n'est
point pour l'or même qu'on cherche de l'or,
que ce n'est point pour les vertus ou pour la
gloire qu'on aime la gloire ou les vertus, mais
pour la satisfaction qu'on en peut attendre,
souvent même pour des avantages qu'on
trouverait peu nobles ? Tous les projets de la
vie ont les mêmes buts : celui qui se fait tuer,
veut éviter le chagrin de vivre sans honneur ;
il ne veut pas manquer au plan que lui a fait
adopter le plaisir d'imaginer ses hauts faits
vantés dans l'histoire.

Serait-ce donc une justice si difficile, ou serait-ce un soin superflu de ne point contracter
d'engagement, de ne former aucune liaison sans
examiner, dès les premiers moments, si elle
peut être suivie, si elle ne doit pas l'être ? Pourquoi ne pas s'avouer d'abord qu'elle conduira
naturellement à ce plaisir séduisant, et quelquefois terrible, que toute affection semblable
demande plus ou moins ouvertement ? Pourquoi

ne point prévoir, dès les premiers pas, ce qui
résultera des derniers ? . .

Le plaisir est certainement bon ; mais ce n'est
que par la modération qu'il se conserve. La modération fait partie de la volupté : sans prudence,
comme sans justice, la volupté ne serait jamais
ni réelle, ni durable. La justice dans l'ardeur de
ces passions heureuses, est plus belle, plus admirable que dans l'aride discussion de nos intérêts, et la sagesse dans le plaisir est le plus
beau produit de la moralité.

Dans les jouissances avouées par les lois et que
souvent même elles prescrivent, dans celles dont
le temps consacre en quelque sorte l'habitude,
dans les plaisirs que les sentiments les plus délicats inspirent, les lois de la modération restent
toujours les mêmes, toujours convenables et
nécessaires. Ce joug apparent sur le plaisir
n'opprime pas le plaisir réel. Des jouissances
immodérées altéreraient cette santé intérieure et
comme invisible, cette harmonie secrète qui
fait le contentement et les forces de l'âme ; elles
épuiseraient la vie, elles énerveraient les ressorts du génie et ces mouvements courageux
qui soutiennent nos espérances ; elles ôteraient
plus qu'elles ne pourraient donner. Les jouis-

sances indirectes, les délices de l'intimité tranquille ont cette continuité qui manque aux dernières émotions des plaisirs : elles sont meilleures que l'agitation orageuse et fatigante d'un amour incertain, qui veut sans cesse, parce qu'il doute toujours. Dans l'intimité établie, affermie et confiante, on peut jouir beaucoup avec beaucoup de modération.

C'est une grande erreur de se priver du charme de la vie, quand aucun devoir n'en commande le sacrifice ; c'en est une plus dangereuse d'en jouir avec assez d'imprudence pour faire de cela même le malheur de la vie. L'amour prudent et soumis à l'ordre distingue un homme d'un misérable à face humaine : l'amour soumis à l'ordre fait partie de la sagesse. Précisément parce qu'il ne faut jamais céder à ses désirs quand les convenances morales le défendent, il est très sage et très juste de les suivre toutes les fois qu'une raison éclairée le permet.

Le sexe qui doit résister et cesser de résister, qui désire et qui craint, qui se défend, mais souvent pour ne point paraître céder, ou pour céder avec choix, ce sexe, retenu et entraîné par tant de considérations, portera inévitablement jusqu'à la ruse les précautions d'un rôle caché et difficile. La ruse a quelque chose des artifices et des manières obscures de la fausseté : souvent elle conduit à la dissimulation, à la perfidie.

Les hommes, qui ont moins à risquer et autant à gagner dans cette relation si inégale entre les deux sexes, pourront aussi devenir faux, soit pour affecter des sentiments romanesques, soit par impétuosité de désirs, soit par réciprocité, soit par inconstance. Rien d'ailleurs ne les arrête : car dans cette étrange morale qui se trouve comme adoptée parmi nous, les promesses les plus positives, les serments les plus saints n'obligent point à l'égard du sexe qui, déjà privé de l'indépendance, a si souvent encore le désavantage d'ignorer en partie toutes ces conséquences dont il sera la victime.

Ainsi la fausseté s'établit dans ce rapport mutuel que le cœur pourtant devrait conduire. Ceux qui, jeunes encore, y mettent de la droiture, et trop rarement de la prudence, sont bientôt dupes. Trompés, ils deviennent trompeurs. C'est l'équité de la multitude, l'équité des petits esprits : les autres ne sont pas en nombre ; l'exemple du Juste est rare, difficilement il sera suivi. Presque tous se conduisent par passion,

par humeur, comme si, au contraire, l'épreuve
qu'on a faite du mal, ne devait pas avertir de ne
point étendre ce mal à d'autres.

L'expérience ne suffira presque jamais à ceux
à qui elle est nécessaire pour écouter la raison :
les têtes faibles restent plus ou moins faibles.
L'expérience d'ailleurs est trop tardive : ceux
qui ne reçoivent de leçons que d'elle, n'appren-
nent rien en effet, et semblent ne s'instruire que
pour une autre vie, semblables à ce peuple dont
la langue écrite est si difficile, que lorsqu'on la
sait enfin, l'on ne peut s'en servir que pour faire
son testament. Il faudrait concilier la sincérité
et la prudence ; il faudrait s'arranger pour n'être
jamais trompeur et difficilement trompé. Le sot
est le seul qu'on puisse vraiment jouer ; et le
malhonnête homme peut seul être trompeur :
mais le défaut de prévoyance produit souvent
autant de mal que des intentions perfides.

Cependant le mal est d'autant plus grand ici,
qu'il est presque toujours irrémédiable : trop
souvent c'est l'intérêt de l'opprimé lui-même de
ne rien dévoiler, la loi ne peut pas atteindre
l'oppresseur ; et insensiblement il s'établit parmi
les hommes, que les uns se rient du devoir, et
que les autres n'y pensent pas. Ce n'est point le

sentiment de l'équité, ce sont les alarmes de
l'intérêt qui avertissent le commun de ces êtres
auxquels on donne en partage un rayon caché
de la lumière céleste.

Dans les autres rapports de la vie, celui qui
manque à ses engagements est atteint par la
loi ; celui que la loi sait atteindre est puni ; tout
homme puni est déshonoré : ainsi l'opinion condamne ceux qui manquent à leurs engagements.
Mais dans ces relations secrètes des sexes, la
fourberie la plus odieuse échappe aux lois ; le
sexe qui les rédige se soucie peu de la justice en
cela. L'opinion ne se prononce point contre le
fourbe, parce que le fourbe n'étant presque jamais puni, n'est presque jamais diffamé aux yeux
du public, et que même il en est très rarement
connu.

Quand vous voudrez une règle morale, vous
la prendrez dans votre pensée impartiale, dans
votre cœur, s'il est resté naturel ; vous la cher-
cherez dans la vérité des choses. Quand vous
voudrez seulement quelque vaine apparence qui
vous donne des dehors honnêtes, quelque arrangement reçu dont vos penchants puissent
s'accommoder, vous suivrez l'Opinion. Il est très
utile de la connaître, il est souvent prudent de

s'y conformer ; mais il ne faut point se permettre
le mal qu'elle tolère avec une facilité inépui-
sable, ni suivre à la lettre les devoirs chimé-
riques qu'elle établit si inconsidérément. L'opinion est aussi juste, aussi sûre lorsqu'elle permet
que l'on se joue d'une femme, que lorsqu'elle
autorise, lorsqu'elle prescrit même les combats
singuliers. L'opinion est la raison des sots,
l'excuse des fourbes, le masque bien décoré des
cœurs vendus aux plus vils intérêts des passions
adroites.

Il n'est point rare qu'avec des intentions généralement droites, et ce qu'on appelle un bon
cœur, on ne craigne point pourtant de séduire
une femme mariée, ou de tromper une fille. La
raison en est, comme on l'a fort justement observé, que les institutions qui rendent cette conduite criminelle, ont trop exigé de nous et ne
sont pas conformes à notre organisation. Mais
les lois les plus mauvaises doivent être observées
toutes les fois que l'on risque de faire des victimes en se permettant de les enfreindre : il
suffit qu'elles soient reçues, et qu'il soit de l'intérêt de quelqu'autre de compter sur notre exactitude à les suivre. C'est une tromperie manifeste
de se conduire d'après les usages ou la loi, tant

que cela est favorable à ses intérêts, de s'en pré-
valoir, ne fût-ce que tacitement, et de s'autoriser
ensuite de l'imperfection de cette même loi, de
l'injustice de ces mêmes usages, pour se soustraire aux obligations qu'ils nous préparaient,
et que notre conduite semblait d'abord reconnaître.

Il est d'ailleurs contre la nature même du
Plaisir, de sacrifier les droits de qui que ce soit,
et surtout d'immoler celui même dont il attend
tout, à qui il doit tout donner.

L'on a été jusqu'à tromper par délicatesse ;
mais n'est-ce pas plutôt une prudence misérable
et perfide ? Le délire est complet, je crois, dans
tout ceci. Comment serait-il convenable de
tromper celui qui s'en rapporte à nous, ou de le
forcer, s'il ne veut être abusé lui-même, à nous
épier sans cesse ? Ces tristes défiances de la jalousie, ces soupçons, ces disputes aussi viles
qu'inutiles, sont très indignes de la fidélité que
tout lien exige, de la loyauté sans laquelle il n'y
a pas d'ordre social ; de la franchise sans laquelle il n'y a pas d'homme digne de ce nom.

Rien n'avilit davantage que de recourir à ces
moyens de la faiblesse. Tromper est le plus
grand mal possible pour celui qui trompe, et le

plus grand mal encore pour celui qui est trompé.
Il est clair qu'on peut se prémunir contre tout
autre vice bien plus aisément que contre la
fourberie. Mais quand il n'y a pas de bonne foi
dans celui avec qui l'on a des rapports, il faut
ou consentir à être sa victime, ou rester soi-
même dans une défiance et des précautions qui
ne peuvent longtemps se concilier avec la droiture. Ainsi se dégrade l'espèce humaine : ainsi
finissent les beautés des choses, les biens de la
vie, les songes de la vertu.

III

DE LA TRANSGRESSION DES DEVOIRS

L'adultère, dans l'acception commune du mot, suppose le mariage ; mais j'entends par adultère toute violation de la foi promise, ne sachant trop quelle différence essentielle peut exister entre une parole donnée, et une autre parole donnée sur des objets semblables. Les suites, il est vrai, sont grandes dans le mariage ; mais il en est de même de toute liaison suivie où les enfants sont reconnus. Cependant, puisque l'adultère hors du mariage est compté pour peu de chose, malgré tout ce qui peut en résulter, et que l'adultère dans le mariage paraît un crime plus grand, même lorsqu'il n'arrive rien de plus, puisque ce lien est le seul qu'on trouve quelquefois respectable, considérons principalement l'adultère dans le mariage.

La possession exclusive et la fidélité sont les conséquences de ce contrat qui, sans cette condition, serait absurde, nuisible aux deux sexes, et onéreux, surtout pour les hommes. Si la trahison, si seulement la défiance altère cette union dans laquelle on passe la vie, la vie est nécessairement inquiète ou malheureuse. Cette fidélité que de si fortes considérations rendent importante, cette promesse sur laquelle on se repose, cette foi solennellement donnée, voilà le devoir de la vie, la loi réelle. Mais quand la volonté a cessé, quand la promesse est retirée, le devoir existe-t-il encore? Ou, en d'autres termes, l'engagement nous oblige-t-il, quand nous ne sommes plus engagés à rien; et sommes-nous liés par une convention mutuelle, quand nous avons voulu mutuellement que cette convention n'existât plus?

Quand on désire sincèrement se soumettre au devoir, on n'ajoute pas volontiers aux règles vénérables de l'homme de bien éclairé, les chaînes ridicules ou funestes des dupes et des imbéciles.

Le véritable adultère fut puni sévèrement chez presque tous les peuples. Et si, dans les pays où le mariage n'était point confirmé par un sacrement, et où l'union terrestre des hommes n'était pas une affaire du ciel, les lois n'ont pas distingué l'adultère réel, du prétendu adultère auquel a consenti la partie intéressée ; c'est qu'en effet ceci n'en est pas un. Les lois n'ont rien à décider sur les choses indifférentes.

Chez les peuples très policés, la difficulté de la conviction, les inconvénients de la plainte, le scandale du jugement, ont fait tomber en désuétude la loi pénale contre l'adultère : et l'un des principaux délits, le premier des attentats contre la propriété, contre la sécurité, la loi ne l'atteint pas. Là est la trace bien claire, bien évidente de la limite immuable entre des Lois et des Institutions. Là, et dans cent autres endroits, mais là surtout expire la force de nos règlements ; et cependant on prétend qu'elle est suffisante. En effet tout va ; le mouvement quelconque est même fort grand. Les chefs politiques se sont peu souciés que les choses fussent meilleures : ils ont calculé seulement qu'en entassant dix millions d'hommes, qu'on excite même à peupler davantage, afin que tout soit irrémédiable, ils régneraient sur plus de têtes que s'ils divisaient les peuples, comme les vraies convenances sociales divisaient les hordes et les tribus.

L'opinion du moins serait juste, et dans la société même, cette mauvaise foi, cet abus manifeste de confiance, ce véritable crime serait aussi odieux qu'il doit l'être, si le sacerdoce n'avait pas exigé et fait exiger une sévérité de mœurs ridicule, une chasteté puérile. Ne laisser aucuns droits aux passions et souvent même aucune ressource aux besoins, ne pas expliquer d'une manière sensible la raison de préceptes effectivement si mal fondés en raison, c'est faire tomber dans l'habitude des écarts, dans l'indifférence des devoirs, dans le mépris des règles, dans l'hypocrisie de mœurs.

Découvrez tout ce qu'il y a de plus lamentable dans le sort obscur des individus, sous ces dehors étalés si complaisamment par l'empirisme de la prospérité des États, cherchez dans la fange de nos plus hideuses misères, les cachots seuls vous montreront des chaînes aussi pesantes que les chaînes rouillées et inflexibles d'un joug sans confiance, sans union, sans repos, mais nécessaire, mais indissoluble, et ne laissant que la mort pour unique et tardive espérance.

Ce n'est pas que je descende à plaindre des soupçons, des agitations, des querelles, tourments ridicules d'une jalousie mutuelle : quand l'homme est sot et méchant, s'il ne mérite pas son malheur, du moins c'est lui qui fait son sort. Mais lorsque la faiblesse d'un mari jaloux le rend misérable par sa propre faute, est-ce aussi par sa propre faute qu'une femme victime voit immoler sa vie entière ?

Du moins, dira-t-on, l'homme sensé reste supérieur à ces sollicitudes ; il permet aux passions d'amuser sa vie, et non de l'agiter. Voilà une noble phrase. Mais pour les précautions les plus louables, il faut des lumières ; et la sagesse même ne peut régler sans connaître : l'état d'incertitude est souvent une perpétuelle misère pour l'homme le plus raisonnable comme pour l'homme le plus froid.

Chez le vulgaire, il ne suffit point d'être incapable de jalousie, pour être exempt de sollicitudes. On ne sait pas si l'enfant qu'on aime, qu'on instruit, pour qui l'on travaille, à qui souvent on consacre en partie sa vie, est vraiment à soi, ou si ce n'est qu'un étranger, monument de perfidie et de honte. Perpétuellement avec une femme en qui tout doit inquiéter et plaire,

séduire ou repousser, on ignore même si, dans
les moments de tendresse et d'épanchement,
l'on n'est pas son jouet ; si, en remplissant avec
elle tous les devoirs de l'amitié, l'on ne fait pas
une continuelle sottise. Pour bien des gens, c'est
peu de chose que d'être trompé par une femme :
mais ce qui n'est jamais peu de chose, ce qui
ne peut être indifférent qu'à la bassesse, c'est
de rester dans l'incertitude, quand il faut rester
dans l'intimité.

Des femmes trop frappées du peu d'équité des
hommes à leur égard, prétendent que l'adultère
est le même dans les deux sexes. Il est bien
certain pourtant que les conséquences n'étant
pas les mêmes, le mal ne saurait être semblable.

J.-J. dans *Émile*, a écrit : « Quand la femme
se plaint là-dessus de l'*injuste* inégalité qu'y
met l'homme, elle a tort : cette inégalité n'est
point une institution humaine, ou du moins elle
n'est point l'ouvrage du préjugé, mais de la raison : c'est à celui des deux que la nature a
chargé du dépôt des enfants, d'en répondre à
l'autre. Sans doute il n'est permis à personne
de violer sa foi, et tout mari infidèle, qui prive
sa femme du seul prix des austères devoirs de

son sexe, est un homme injuste et *barbare* : mais la femme infidèle fait plus, elle dissout la famille et brise tous les liens de la nature, en donnant à l'homme des enfants qui ne sont pas à lui, elle trahit les uns et les autres ; elle joint la perfidie à l'infidélité... Qu'est-ce alors que la famille, si ce n'est une société d'ennemis secrets qu'une femme coupable arme l'un contre l'autre en les forçant de feindre de s'entr'aimer ? »

Portalis a établi cette différence en peu de mots, et avec justesse : « Le mari et la femme doivent incontestablement être fidèles à la foi promise ; mais l'infidélité de la femme suppose plus de corruption, et a des effets plus dangereux que l'infidélité du mari : aussi l'homme a toujours été jugé moins sévèrement que la femme. Toutes les nations, éclairées en ce point par l'expérience et par une sorte d'instinct, se sont accordées à croire que le sexe le plus aimable doit encore, pour le bonheur de l'humanité, être le plus vertueux.

Il est odieux de se jouer d'une femme ; il est ridicule d'en être la dupe ou l'esclave. Avec du sens, avec de la droiture, on éviterait presque toujours ces maux. Mais en tout cela, l'on agit

très inconsidérément. On s'habitue à ne disposer avec réflexion que ses *affaires*; comme si la
grande affaire de la vie n'était pas la conduite
morale qui peut nous rendre malheureux sans
retour, ou coupables d'une faute souvent irrémédiable ; comme si le même esprit d'ordre
nécessaire pour conduire ses affaires, ne devait
plus servir dans ce que l'ordre doit régler plus
impérieusement encore.

On se laisse entraîner par l'occasion ; sans y
avoir réfléchi, l'on se trouve engagé : on cède
aux premières séductions d'un attachement qui
ne saurait avoir une issue heureuse, et quand il
sera dans sa force, on n'aura pas celle de le
vaincre. Quelques-uns même oseront croire
qu'il conviendrait mal de ne pas profiter de ces
moments d'erreur ou d'oubli qu'une femme peut
avoir en leur faveur. On en profite, on l'expose,
on la compromet, on l'entraîne à ce qui est ir-
réparable. Le premier caprice passe, ou même
il est remplacé par une autre intrigue ; on aperçoit alors les inconvénients, on est frappé des
difficultés et des suites ; certains défauts commencent à se trouver visibles : on se lasse
étourdiment de cette femme étourdiment aimée,
on l'abandonne déshonorée ou enceinte : souvent

même en ne l'abandonnant pas, on pourrait seulement lui donner quelque consolation ; mais non la retirer du malheur.

Il s'est trouvé des temps où manquer aux usages, c'était réellement attenter à une loi sainte ; changer les choses, c'était les pervertir : là où il y a des mœurs, la sagesse veut qu'on en maintienne les dispositions les moins parfaites. Mais maintenant cette grande régularité serait un scrupule bizarre et vain, cette exactitude n'imposerait que des sacrifices inutiles ; et il est malheureusement à propos de chercher la règle vraie, afin de la préférer en plusieurs choses à la manière établie.

Nos habitudes actuelles semblent permettre que l'on jouisse d'une femme dont le mari croit, ou veut la possession exclusive. Cependant cette tolérance est une dépravation ; ces abus sont des crimes sans excuse.

Mais dans l'état présent des choses, une femme à qui sa liberté est rendue par un consentement, n'est point coupable quand elle en use. Si l'on m'objecte des convenances blessées, des résultats funestes, on parle de ce qu'assurément je ne songe point à légitimer. Je juge la

chose, et non les suites : je considère ce qui est
lorsque ces suites ne sont pas.

Bafouer les victimes d'une coupable adresse,
sourire à l'industrie du vice, c'est notre manière. Tout nous y conduisit : le ridicule dont se
couvre un mari trompé toujours, et toujours assuré de la vertu de sa femme ; le ridicule plus
mérité d'un homme méfiant, soupçonneux et
dupe, qui a lui-même déclaré la guerre et la fait,
en sot, qui est vaincu sans le croire, dont la
faiblesse ou la bêtise égalent la prétention, la
susceptibilité exigeante et la confiance en ses
épreuves et ses découvertes ; l'infériorité burlesque d'un homme qui affecte le commande-
ment, et dont, sans bruit, l'on soumet l'orageuse
puissance, dont une humeur souple et tranquil-
lement perfide amène à toutes ses fantaisies
l'humeur bourgeoisement impérieuse, et à qui il
arrive de menacer tout seul et de parler haute-
ment de son honneur intact, à l'instant même
où, dans la pièce voisine, l'on est deux à en
rire ; les plaisanteries intarissables que des situations aussi comiques sembleraient presque
autoriser ; l'éternelle redite des bons mots populaires, dont la niaiserie s'est introduite aussi

parmi ceux qui devraient suivre d'autant mieux
les convenances de l'esprit, qu'ils affectent de
négliger les autres ; enfin ce mobile non moins
puissant, l'intention secrète de donner à croire
qu'un sort semblable ne saurait nous atteindre.

Cependant nous quittons, lentement il est
vrai, les opinions exclusives des siècles d'ignorance ; et même on devenait équitable en cela
dans des temps de troubles et d'habitudes irréfléchies : cette justice était trop évidente pour
être plus tardive.

L'infidélité de la femme ne fait la honte du
mari que lorsqu'il s'avilit réellement par une
conduite faible et inquiète.

La Jalousie est cette douleur qu'un homme
sent lorsqu'il craint de n'être pas autant aimé
qu'il aime la personne qui fait l'unique objet de
ses désirs. Il est même *impossible* que le jaloux
se guérisse entièrement de ses soupçons, parce
qu'il est toujours dans le doute et l'incertitude,
et qu'il ne peut recevoir aucune satisfaction du
côté avantageux ; c'est-à-dire que ses recherches
sont les plus heureuses lorsqu'il ne découvre
rien. Son plaisir naît de son mauvais succès, et
il passe la vie à la poursuite d'un secret qui ruine
son bonheur s'il vient à le trouver....

Il y a trois espèces principales de maris jaloux : ceux qui sont laids et vieux ; ceux qui veulent pénétrer et qui scrutent sans cesse, cherchant les causes de tout ; ceux qui ont l'habitude de la débauche, qui vivent avec des filles ou des femmes sans honneur.

Il faut que le ridicule de l'homme trompé soit en lui : s'il n'est pas un sot, il n'est que malheureux. Une femme protégée en tout genre par l'homme qui ne veut pour prix que sa fidélité, fidélité solennellement promise, par un homme qui ne consent à se charger de tout le poids d'une famille, que dans cette persuasion que les enfants du moins lui appartiendront, et que l'union domestique adoucira ses sollicitudes, cette femme rendrait malheureux celui par qui elle vit ! et l'on s'attacherait à la séduire pour ce rôle infâme ! et l'imbécile opinion tournerait en plaisanterie cette séduction et cette perfidie !

IV

DU PARTAGE

Ne nous lasserons-nous jamais de tout confondre ? Parce qu'ordinairement on s'avilit en se partageant, sera-ce encore un mal lorsque le partage n'avilira point ? Et nos idées sont-elles si resserrées ou si dépendantes, que nous ne puissions rien apercevoir entre la hideuse débauche ou la stricte observance des règlements destinés au public ? La loi ne doit jamais être oubliée dans ce qu'elle a pu régler : mais ce n'est pas l'enfreindre que de s'abstenir de ce qu'elle a disposé dans ce qui ne lui appartient pas. La loi a dû régulariser les naissances, elle a déterminé un mode, il faut le suivre. Si elle étend plus loin les règlements, ils deviennent illusoires, car ils sont incompatibles avec nos mœurs. On sera tenu d'obéir à la lettre de ces lois, quand toutes seront d'accord, quand nous en aurons fait qui décident combien d'heures un homme doit travailler par jour, à quelle minute il ouvrira sa boutique, et combien de livres de pain sa famille doit manger par semaine.

Le partage est criminel lorsqu'il trompe l'une des deux personnes qu'on favorise, ou toutes deux. On s'avilit si chacun peut et doit craindre dans celui qui jouit comme lui, ou de l'imprudence, ou un manque de délicatesse, ou une santé imparfaite, ou même des avantages qui le fassent préférer. Alors cette espèce d'associé se trouve naturellement ou ennemi, ou rival ; il devient odieux, parce qu'il fait ou qu'il peut faire beaucoup de mal.

Mais si plusieurs individus, mutuellement assurés de leurs intentions et même de leurs sensations, partagent les plaisirs d'une intimité parfaite, qu'on nous explique donc comment ces plaisirs sont vils.

Sans doute il faut des circonstances absolument convenables : il faut que la sûreté soit entière, que l'amabilité, les goûts, les facultés soient analogues : il faut que les individus, en très petit nombre, soient prudemment et heureusement choisis. S'il en était autrement, les différences inévitables, soit dans l'organisation physique, soit dans le caractère et la pensée, amèneraient beaucoup de mécontentements, de divisions, de préférences, de jalousies, de suites funestes. Comme il serait presque impossible que tous conservassent une grande intégrité dans le partage, une grande délicatesse dans la jouissance de ces plaisirs, l'extension trop grande d'une liberté légitime par elle-même, jetterait dans des écarts inconsidérés, dans des abus qui auraient les caractères repoussants de la débauche. Et quelle plus grande maladresse que d'altérer, de pervertir en nous le sentiment du plaisir, de dégrader notre goût, et de nous exposer, dans des excès d'un moment, à perdre pour jamais cette réserve voluptueuse qui fait le charme des désirs !

Dans l'Orient, dans les contrées les plus anciennement civilisées, un homme possède plusieurs femmes, et c'est légalement. Dans quelques-uns de ces pays, une femme a plusieurs hommes, et c'est légalement.

On ne cherchera point dans les excès fanatiques, des exemples particuliers et suspects contre la possession exclusive, mais la communauté des femmes ne parut nullement absurde à plusieurs d'entre les plus sages des hommes. Elle existait, dit-on, chez les peuples de la Grèce avant que Cécrops y établît le mariage. Une loi d'une grande autorité, une loi d'Athènes, disait : Si le mari est impuissant, la femme peut coucher avec ses parents.

Voilà une distinction bien établie entre le crime de l'adultère réel, et l'adultère imaginaire qui est un acte indifférent. La loi prescrit l'un dans certain cas, car le permettre c'est l'indiquer, l'établir même : et la loi punit l'autre de mort, car Solon laissa subsister les lois de Dracon sur l'adultère. L'adultère est la violation d'un engagement. Pour le repos des familles, il faut que cet engagement soit sacré. Toutes les fois que la promesse n'est pas enfreinte, il n'y a pas adultère, il n'y a ni crime ni faute, pas le plus léger délit ; et si le consentement est donné, la promesse n'est pas enfreinte, la foi n'est pas violée. Chez les Parsis, le mari d'une femme stérile peut en prendre une seconde, mais seulement si cette première y consent.

On connaît cette idée de Platon : l'échange des femmes guerrières entre les individus du corps des guerriers. A Sparte, la loi voulait que

l'homme avancé en âge choisît un jeune homme
pour que sa femme eût des enfants utiles à
l'État : une des principales peines était de ne
pouvoir prêter sa femme à un autre, ni recevoir
celle d'un autre. A Rome, il fut permis aux maris
de prêter leurs femmes. Caton connaissait les
mœurs.

V

DES MŒURS LIBRES SANS LICENCE

Quand l'amour n'est pas le principal objet des
institutions morales de l'État, quand les jouissances de l'amour ne sont pas les premières
jouissances, l'ordre social n'a pas été bien entendu. C'était le moyen le plus puissant; mais il
semble qu'on se soit attaché à le rendre inutile.
Cependant ce grand moteur des espèces vivantes
serait moins dangereux et aussi noble que les
plaisirs indirects.

Il fallait avouer que ce plaisir est le premier
de tous; mais précisément peut-être parce qu'il
est le premier, le soin de conserver la paix de
l'âme exige, indépendamment même des devoirs extérieurs, que l'on s'en prive plutôt que
d'en jouir indiscrètement. Un homme de bien ne
sait pas hésiter entre les privations les plus

pénibles, et des plaisirs coupables ou suspects, ou même seulement imprudents.

Quand la jouissance corrompt une femme, c'est par la manière ou par le choix qu'elle se déprave, et non par la chose ; c'est qu'elle est inepte ou naturellement perverse ; c'est que déjà elle avait tout perdu. C'est par les vices qu'elle porte dans cette liberté, c'est par les moyens qu'elle emploie, que son caractère achève de se dégrader. C'est une occasion de mal : tout en est l'occasion pour qui n'est pas ferme dans le bien. Avec une âme juste, on ne se déprave pas : on sait que le vrai devoir consiste à ne pas manquer à ses engagements, et que les fantaisies de l'amour ne sont du ressort des lois que sous ce rapport, et pour la naissance des enfants.

Le caractère du plaisir diffère dans chaque individu. Rarement il se trouve un accord véritable entre les sensations d'une femme et celles de l'homme qui la possède. Cependant si chacun sacrifie un peu de sa manière, on parvient à concilier ces oppositions, en adoptant ce qui convient à tous deux. Je crois que cet accord est nécessaire. Toute harmonie élève l'âme, et les convenances dans le plaisir doivent ajouter à ses

perfections. Les discordances égarent l'imagination et rebutent les affections. C'est ainsi que
difficilement, ou plutôt rarement, une femme
peut se donner à plusieurs hommes sans altérer
en elle le sentiment de l'honnête. Mais quoiqu'il soit difficile que l'union avec plusieurs
s'établisse et subsiste sans inconvénients, ce
n'est pas à dire que cette pluralité soit essentiellement mauvaise : tout dépend des personnes, des
caractères, du bonheur des circonstances, de la
sagesse du choix.

Il est dit dans l'*Abrégé de l'Histoire des
Voyages*, à l'article Brésil, que chez les Brésiliens, et ailleurs, les filles jouissent des hommes
sans aucun scrupule, et que les pères les offrent
eux-mêmes, non seulement aux étrangers, mais
aux jeunes gens du pays. Mais dès que les
femmes sont mariées, elles sont assommées si
elles manquent à leurs engagements. Ces usages,
conformes à la raison des choses, et à peu près
opposés à nos mœurs, n'empêchent pas que la
pudeur n'y soit très connue, malgré la nudité.

Vers la Rivière de Sierra-Léone, les femmes
non mariées doivent être chastes ; mais lorsqu'elles sont une fois mariées, ce serait une im-

politesse de leur part de se refuser à leur amant : elles jouissent comme elles veulent, mais elles n'abusent point leurs maris, et nomment le père de l'enfant. Si pourtant le mari désire trouver son tour pour avoir un enfant d'une femme, il l'oblige de jurer qu'elle sera sage quelque temps : si, dans cet intervalle, soit violence, soit persuasion de son amant, elle cède à ses désirs, elle le confesse sur-le-champ à son mari ; les deux amants subissent une punition honteuse, et sont pour toujours voués au mépris et à l'infamie.

Quoique ces mœurs soient moins fondées en raison de celles qu'on attribue aux Brésiliens, on y trouve du moins une droiture étrangère aux nôtres.

Dans la petite presqu'île de Portland, les jeunes filles ne se marient pas avant d'être enceintes ; et cet usage n'a pas encore été détruit par l'influence de la religion. Lorsqu'un jeune homme et une fille ont entretenu pendant quelque temps un commerce stérile, on croit que la Providence ne les a pas destinés l'un à l'autre. La femme conserve sa réputation, et elle peut agréer plusieurs prétendants, jusqu'au moment où, devenue mère, elle contracte enfin un mariage solide et indissoluble.

Des habitudes si opposées aux maximes évangéliques, se retrouvent en Suisse, à l'entrée des montagnes sur les limites des cantons de Berne et de Fribourg, entre les deux petites capitales : elles s'y sont maintenues jusqu'à présent, malgré cette proximité d'une ville éclairée et d'une autre ville.

Beaucoup de gens à principes rougiront pour l'homme que tant de nations et tant de sages aient pensé que les bonnes mœurs ne consistaient point dans l'abstinence, mais dans la règle et dans une droiture invariable. Cependant, comme il faut bien que de manière ou d'autre ces vénérables précepteurs du genre humain restent exposés à quelque honte, nous les laissons dans celle-là.

Cette sagesse grotesque, cette horreur pour le plaisir ressemble à celle que les villageoises inspirent à leurs nourrissons pour la bête noire. Puisque les enfants qu'on veut toujours traîner par la lisière marchent si mal, je voudrais que l'on songeât quelque jour à conduire des hommes par l'instinct de la justice.

Nicole avoue que la raison suffisait pour conduire l'homme. « Pour réformer entièrement le monde, dit-il, pour rendre les hommes heureux

dès cette vie même, il ne faudrait, à défaut de
la charité, que leur donner à tous un amour-
propre éclairé, qui sût discerner ses vrais intérêts et y tendre par les voies que la droite raison
lui découvrirait. Quelque corrompue que cette
société fût au dedans et aux yeux de Dieu, il n'y
aurait rien au dehors de mieux réglé, de plus
civil, de plus juste, de plus pacifique, de plus
honnête, de plus généreux ; et ce qui serait le
plus admirable, c'est que n'étant animée et
remuée que par l'amour-propre, l'amour-propre
n'y paraîtrait point, et qu'étant entièrement
vide de charité, on ne verrait partout que la
forme et les caractères de la charité.

» Dans les États où elle (la charité) n'a point
d'entrée, parce que la vraie religion en est ban-
nie, on ne laisse pas de vivre avec autant de
paix, de sûreté et de commodité que si l'on était
dans une république de saints ».

La Morale la plus élevée, celle qui est la plus
utile quand des systèmes d'austérité n'y mêlent
pas d'erreurs, la morale primitive et éternelle
fut connue de l'antiquité la plus reculée dont
nous ayons connaissance. Dans le Bhaguat-Geeta
traduit du Sanscrit, par Wilkins, Kreeshna, *divinité sous une forme humaine*, enseigne à son

disciple qu'il faut faire le bien sans autre vue que le bien, sans autre but que l'ordre. M. Hastings prétend que ce livre n'a pas moins de quatre à cinq mille ans.

Jusqu'à ces temps-là, les jouissances permises à l'homme de bien seront rarement d'accord avec ses désirs : les esprits sont trop disparates et des règles contradictoires embarrassent dans des entraves trop multipliées, les caractères qui se conviendraient. Rarement on pourrait bien vivre avec ceux que le sort nous offre; rarement on rencontre ceux avec qui l'on vivrait si bien !

La liberté de mœurs peut faire beaucoup de bien ou beaucoup de mal : le cœur corrompt ou ennoblit tout. Des gens de bien, des amis sûrs ne se dépravent pas ensemble.

Hommes forts, et trop difficilement heureux ! vous cherchez ces situations énergiques, que la sottise confond avec le romanesque dont on remplit les livres qu'on lui destine. Pourquoi ces grands besoins vous furent-ils donnés? Qui pourra le savoir? Je crois plutôt qu'ils furent seulement permis. Nous avons besoin d'être heureux de ce bonheur vaste et idéal, comme dans la maison des fous on croit nécessaire d'avoir

un bras de verre, un diadème sur le front. Que
signifie cette volonté indépendante du sort, d'accorder nos désirs avec les choses ? C'est en nous
une grande misère de nous persuader que telle
est notre destination. Quand l'homme est préci-
pité dans la discordance contraire, quand il périt avec d'extrêmes douleurs, il s'indigne contre
la nature, qui oublia de le défendre ; mais la
puissance inexorable entraîne les êtres sur des
traces éternelles ; et ces grandes angoisses, ces
affres de la mort restent dans le crâne, dans un
coin invisible entre deux faibles os. Il voudrait
dire à l'univers de quelle manière ces petites fibres sont agitées : ce sont pour lui les
ressorts du monde. Mais soit qu'il ne jouisse
point, soit qu'il souffre, ses regrets amers,
ses pensées, ses fureurs, tout se passe là-
dedans ; et l'enveloppe étroite cache et contient
ces maux infinis.

Ce qui est volupté parmi des amis sûrs serait
débauche ou abrutissement chez ceux qui, sans
principes et sans force de caractère, se seraient
réunis inconsidérément pour des plaisirs sans
règle, sans goût, sans prudence. Le plaisir est
rarement innocent, parce que les circonstances le
permettent difficilement. Peu d'hommes savent

tout soumettre à l'ordre : et cependant cette
volonté absolue de chercher l'ordre avant
tout, détruit seule le danger des plaisirs en les
faisant dépendre assez de la raison pour que
la raison ne soit pas réduite à les proscrire.

« C'est, dit Malebranche, l'amour libre, habituel et dominant de l'ordre immuable, qui fait la
vertu : il n'y a point d'autre vertu que l'amour
de l'ordre. »

VI

On réduit les femmes à placer leur honneur
dans l'exercice d'une seule vertu ; mais il s'en-
suit qu'elles seront dépravées quand elles auront manqué de continence, parce qu'on ne tient
plus à rien lorsqu'on a perdu l'honneur.

« Pourquoi ce plaisir, si pardonnable en lui-
même, a-t-il une influence si pernicieuse ? dit
Raynal. C'est, je crois, la suite de l'importance que nous y avons attachée. Quel appui
les autres vertus trouveront-elles au fond de
l'âme, lorsque rien ne peut plus aggraver la
honte ? »

L'on n'a plus rien à éviter lorsqu'on n'a plus
rien à perdre. Mais à cette erreur funeste se
joint une erreur plus absurde. L'honneur des
femmes consiste tellement dans la continence,

même inutile, que souvent elles peuvent être entièrement déshonorées sans être coupables d'aucune faute réelle.

Aux sévères précautions du devoir, qui forment la loi commune, les femmes doivent joindre une prudence particulière, puisqu'elles ont des suites plus grandes à prévenir. La Nature, en établissant ces différences, en indiquait d'analogues entre leur honneur et le nôtre : nous les avons senties, et aussitôt nous les avons rendues excessives. Toujours extrêmes dans nos opinions, nous restons toujours loin du but dans les effets de nos institutions. Il faut bien que ces ressorts trop tendus et qu'on ne soutient pas, perdent enfin l'élasticité. Le résultat de la violence dans la faiblesse, c'est, en dernier lieu, de tout affaiblir et de tout rompre.

VII

DES MŒURS AUSTÈRES

Peùt-être le renoncement au plaisir des sexes, convient-il à la vie occupée, ostensible et sévère de l'homme chargé d'un grand rôle, au caractère auguste du chef ou du législateur d'un peuple. Je l'approuverai de ne pas distraire sa pensée, de ne pas amollir son âme. Tous ses instants sont au public, et toutes ses idées appartiennent à son ministère. D'ailleurs ses moments sont assez remplis, sa tête ne saurait manquer d'être occupée ; les destinées de l'État sont un aliment suffisant: chargé du rôle d'un homme supérieur, il n'a pas besoin de descendre à des impressions d'un autre ordre, pour employer à quelque chose les facultés et l'activité de son âme.

Mais dans la vie ordinaire, quel bien produira cette mutilation de l'existence, et quelle conve-

nance pourra l'exiger ? Quand un homme, libre
de tout engagement, opposera à l'inutilité de ses
heures quelques distractions voluptueuses ; quand
une femme, née avec une sensibilité trop vaine,
et réduite au silence du cœur, rendra ce silence
plus calme par les seuls plaisirs qui lui donnent
le moyen d'embellir la vie d'un homme estimable, et d'amuser la sienne, l'erreur seule ap-
pellera criminelles des actions indifférentes par
elles-mêmes, réglées de manière à ne nuire ni à
soi ni aux autres, et bonnes dès lors s'il en résulte quelque bonheur individuel.

. Je vois, d'ailleurs, que les hommes qui se sont
occupés de la vraie morale, c'est-à-dire des
moyens de régler les affections et d'améliorer le
sort de l'homme, n'ont pas mis d'importance à
ces prétendus délits : un zèle éclairé, des conceptions étendues ne leur permettaient point de
répéter, par habitude, les prédications erronées
des docteurs du rigorisme. Helvétius les appelle
moralistes hypocrites ; et l'on peut croire avec lui
qu'ils ne sont pas déterminés par les vues du
bien public contre telle ou telle facilité de mœurs
qui n'ôte rien au bonheur ni à la bonté des
hommes, mais par des considérations d'intérêt
personnel, ou par le désir de paraître de saints

personnages, et de se faire admirer du quartier.

Sous des institutions seulement raisonnables, l'amour ne rendrait coupables que des imbéciles ou des méchants; et c'est en vous une maladresse de confondre le rebut des hommes avec l'espèce entière que vous semblez ne pas connaître. L'amour digne d'un être pensant, n'existe ou n'est écouté qu'entre des personnes libres de s'aimer. S'il vient à naître dans des circonstances illégitimes, on se refuse au bonheur qu'il promettrait. C'est une véritable loi de mœurs, une sévérité utile, et dès lors louable, juste et bonne. Mais l'austérité sans but n'est qu'une pénible démence. Dans les plaisirs qui n'attaquent le droit de personne, l'excès des jouissances, quoique nuisible, et dès lors blâmable sans doute, serait moins ridicule, moins condamnable, moins contraire à notre nature que celui des privations. Soyons justes, exacts, sévères; mais afin d'être vraiment bons, comme afin de n'être pas dupes, laissons l'austérité qui aigrit et isole le cœur, pour les voluptés choisies qui l'alimentent, qui l'adoucissent, qui dirigent les affections vers le lien commun. L'austérité est généralement aussi mauvaise que la sévérité est vertueuse. Quel

mérite, d'ailleurs, pouvons-nous espérer dans
une résistance qui n'est pas raisonnée, motivée?
Qu'est-ce qu'un instinct aveugle, des penchants
prétendus, des vertus de préjugé? L'on peut
être estimable en faisant avec courage, avec
constance, le mal qu'on prend pour un bien,
quand on n'a pu éviter de s'y tromper ; mais
combien sera supérieur celui qui joindra aux
forces nécessaires pour suivre le devoir, la raison qui le fait discerner, et qui donne tant de
motifs puissants pour rester ferme dans la limite
bien connue !

CINQUIÈME PARTIE

DES JOUISSANCES

I

DES MŒURS ANTIQUES

Les Anciens furent moins instruits, mais plus grands. Nous sommes industrieux, ils étaient inventifs ; nous sommes exacts, ils étaient sublimes. Ils concevaient, ils établissaient ; nous discutons, nous éludons ; et là où ils pensaient, nous persiflons. Impétueux, indiscrets, passionnés, ils étaient comme l'homme dans sa force : nous sommes sans passions, sans goûts, savants, refroidis, minutieux, blasés comme des vieillards.

L'espèce, dit-on, ne vieillit point : renouvelée sans cesse, elle ne peut être comme l'individu dont rien ne répare les facultés sans cesse usées par les temps.

L'espèce, selon moi, ne vieillit qu'avec la surface du globe qui la nourrit : mais la pensée, la

moralité des peuples, et même leurs forces corporelles vieillissent, quand les grandes crises ne
les rajeunissent pas.

Ce n'est pas que je donne généralement la
supériorité aux anciens sur les modernes, mais
les anciens l'avaient sous les rapports dont je
parle ici. Les modernes ont contre eux des circonstances générales qui leur rendent certaines
institutions presque impossibles, et qui les entraînent d'ailleurs à occuper leur génie d'une
manière différente.

Les Anciens cherchaient des institutions convenables à l'homme. Quant à nous, nous répétons
souvent que les institutions doivent être faites
pour les hommes, et non les hommes pour les
institutions ; mais la vérité est, qu'en arrangeant
les lois pour ces hommes que des lois ont fabri-
qués, on nous consacre à une certaine forme sociale, au lieu d'organiser la société pour l'homme.

Les Anciens voyaient, dans ce qui appartient
à l'Union des sexes, un des principaux intérêts
de la vie humaine. La Nature l'a ainsi établi. Ils
attachaient à toutes les opérations mystérieuses
du grand mécanisme du monde, ces Êtres supé-
rieurs que le sentiment des forces secrètes de la
nature fit placer en grand nombre entre l'Ordon-

nateur suprême et l'Homme. L'acte de la génération, difficile à expliquer, est très propre à exciter l'admiration : plusieurs divinités présidèrent
à ces fonctions indispensables à l'existence de
l'homme, nécessaires à ses désirs et curieuses
pour son avide intelligence. L'emploi des déesses
Prema, Pertunda, Libera, Volupia, appartenait
à cette grande loi de conservation que Vénus
désignait. Ces termes sont modernes : ce sont
les restes, devenus populaires, de traditions très
antiques, dont le premier sens serait important
à retrouver.

Ces peuples d'alors ne connaissaient guère nos
scrupules et la décence bizarre que l'influence
des maximes cénobitiques a fait passer dans nos
mœurs, sans les rendre meilleures. Cette affectation à supprimer de la vie que nous avouons,
tout ce qui tient à l'acte le plus essentiel de la
vie naturelle, a pu promettre des avantages spécieux. Je doute qu'elle en eût produit, chez de
vrais hommes ; mais une morale d'esclaves ne
convient pas très mal au peuple que nous voulons avoir, aux âmes endormies, aux cœurs
aveugles, aux cerveaux abrutis de la multitude
qui forge nos outils, brasse notre boisson, frotte
nos parquets et tue nos ennemis.

DU SYMBOLE DE L'AMOUR DANS L'ANTIQUITÉ

C'était une conception élevée que le dogme des Deux Causes Premières. Dans une modification de ce grand système, l'on chercha des emblèmes de la force active et de la force passive dont la double action fait et maintient le monde. Les choses étaient considérées en elles-mêmes, et non d'après ces aperçus ironiques qui n'en montrent que le côté plaisant ou défavorable. L'organe de la Génération, loin d'être honteux, fut un signe vénéré, consacré : il fut presque divinisé. On l'avait choisi pour l'emblème de la Nature, car la principale expression de la nature est la puissance qui féconde, et sa force est de reproduire. Actuellement encore, le serment fait sur le membre viril est plus solennel que tout autre chez les Arabes du désert, peuplades dont l'origine est très reculée.

Il est dit dans une relation du séjour des Fran-
çais en Égypte, qu'un Arabe, ne pouvant parve-
nir à persuader de sa sincérité, prit à la main
son *phallus*, et portant l'autre main vers le ciel,
attesta ainsi la vérité de ses intentions du ton le
plus solennel, et d'une manière qu'il croyait
propre à ne laisser aucune défiance.

Le Lingam en Indou, le Phallus dans le culte
Isiaque, Priape chez les Grecs, étaient représentés
et vénérés dans les temples. De jeunes vierges
portaient un Phallus de grandeur naturelle dans
les pompes ou processions sacrées.

Lorsqu'on rencontre dans les cabinets des
curieux, de ces petites Idoles remarquables par
l'attitude ou même par le ressort qui en exprime
le jeu, l'on sourit d'un rire d'Occident. Il se peut
qu'on ait abusé de ces emblèmes, comme on
abuse de tout ; mais il était tout simple que l'on
prît pour une figure de la force universelle ou de
Dieu, ce qui donnait, avec quelque justesse, une
idée des forces impénétrables de la Nature.
Quelques sots ont ri ; et ce rire niais, vous le
répétez tous les jours : mais vous, par quelle
fantaisie, vraiment moderne, remplacez-vous ces
simulacres, et comment oser rire alors ?

Le phallus, ainsi considéré, n'est plus l'ins-

trument d'un plaisir animal, c'est l'expression
figurée des forces productives, des désirs, des
puissances, du mouvement réparateur ; c'est le
premier organe des passions expansives. On l'a
choisi dans les choses terrestres, comme on avait
choisi le Soleil dans l'Univers visible. Ces deux
figures étaient indiquées par la raison même.

Les Anciens ne connaissaient qu'une puissance,
la puissance universelle ; ils ne pensaient pas qu'il
y eût d'autre culte raisonnable que celui de la
Nature. On vénéra la Force qui produit par elle-
même, et *la Vierge qui enfanta* fut une Divinité
des Druides. Ce dogme appartint à l'Orient comme
à l'Occident ; les Chrétiens le reçurent ; on le
leur reprocha injustement, parce qu'on ne l'entendait pas ; on voulut rire de leur Vierge, de
leur θεοτοκος. Au reste, les Chrétiens ne sauraient
en faire le reproche aux *Payens*, puisqu'eux-
mêmes défiguraient alors ce dogme sublime, et
qu'à force de le rendre ridicule, ils sont parve-
nus à n'y entendre absolument rien.

Cette statue des Brachmanes qui représentait
le Monde, avait les deux Organes : l'un se rap-
portait au Soleil et désignait les principes *géné-
rateurs* ou *sublunaires*, que le Ciel verse ici pour

féconder toutes choses ; l'autre était la Lune, et le monde *sublunaire* qui est animé, conservé, reproduit, perpétué par cet écoulement des forces d'en haut.

Le Phallus était consacré dans les Mystères d'Osiris et d'Isis. Le Phallus et le Cteïs l'étaient dans les sanctuaires d'Eleusis. Plus loin de nous, le Lingam, Pulleiar, les parties sexuelles réunies, était placé religieusement dans le temple de Chiven, et ces rites subsistent encore. On voit dans Garcilasso de la Vega, qu'un culte semblable a été trouvé en Amérique. Selon Diodore de Sicile, ces emblèmes ont été consacrés par *tous les peuples ;* ils l'étaient en particulier chez les Assyriens et les Perses, selon Ptolémée. On a les détails des solennités Phalliques de Thèbes et de Canope. Chez les Druses-Montagnards, on adore le Lingam. A Alcatil, dans le royaume de Carnate, côte de Coromandel, les prêtres portent un Lingam au cou, et ce Dieu y est adoré solennellement, disent les voyageurs. Cet usage s'accorde en effet avec le culte du Soleil, qui subsiste de nos jours dans le voisinage de Mazulipatan. Ces emblèmes ont couvert le globe, et récemment encore nos fêtes rappelaient ce culte antique et presque universel.

Les bavards fanatiques des sectes nouvelles
ont eu tort de blâmer chez les peuples anciennement simples, ces établissements tout simples
aussi, ces résultats naturels de la vraie Magie,
qui ne pouvaient être avilis que par le libertinage
des siècles gothiques.

Dans le Bhaguat-Geeta, Kreeshna dit à Arjoon,
que le Grand Brahma est la matrice où il jette
les fœtus, et d'où procèdent toutes les productions
de la nature, et que lui Kreeshna est le père qui
jette la semence.

C'est la nature qui a dit à l'être vivant de regarder comme la plus belle et la plus puissante
de ses lois, ces émotions les plus délicieuses qu'il
puisse connaître, et les plus fortes qu'il puisse
éprouver sans souffrir.

III

DU PLAISIR

Quel moment pour une femme ! elle dispose
des illusions, des espérances et des voluptés.
Elle donne le bonheur et le donne avec plénitude,
puisqu'elle pourrait le refuser, puisque le donner
est une volupté pour elle-même ! Elle voit, elle
permet, elle augmente les désirs qu'elle cause,
un espoir qu'elle excite. Elle est aimée, comme
si elle s'oubliait elle-même ; elle est aimée davantage quand elle veut ce qu'elle daignait souffrir, quand elle commence à rendre ces caresses
que seulement elle ne repoussait pas, quand elle
presse l'instant jusqu'alors différé, quand elle
cède elle-même à ces mouvements passionnés
qu'on osait à peine lui laisser connaître.

Quel homme, fait pour sentir, n'a pas trouvé
dans les bras d'une amie ce que le reste de la

terre ne contient point ! Quel charme dans cette
progression brûlante et pourtant prolongée,
pleine de désirs et de mystères, d'incertitude, de
confiance et de besoins, qui dévoile ce sein, dernière expression de la beauté terrestre, qui
l'amène dans les bras libres et nus d'une amante
agitée, passionnée, heureuse, entraînée, abandonnée dans les songes, belle de l'oubli des choses,
et toute émue d'harmonies voluptueuses !

IV

DIFFICULTÉS

Les situations, les lieux, les moments, ne sont point indifférents à la vraie Pudeur. Elle veut une convenance entière, ou du moins une réunion de convenances, telle qu'on puisse l'espérer raisonnablement au milieu des difficultés et des privations de notre vie compliquée.

C'est obéir à l'appétit animal que de vouloir, quel que soit le moment ; c'est descendre au-dessous, peut-être, que de prétendre à ce que donne l'amour, quand on est incapable d'en inspirer.

« Ne procède point, dans l'ivresse, à l'acte saint de la génération », disait l'École de Pythagore.

Dans quelques-unes des précautions que la
délicatesse exige, l'on s'écarte, jusqu'à un certain point, des indications de la Nature ; mais
c'est pour en suivre les lois principales, pour
suivre celle que la circonstance demande plus
impérieusement. On fait une chose qui n'est pas
précisément bien, ou qui ne paraît pas naturelle ; mais c'est afin d'éviter des inconvénients
plus funestes, plus éloignés de notre destination.
La chasteté des Moines est plus contraire aux
lois morales de notre organisation que les soins
d'un homme qui sait jouir.

La Nature elle-même a ses exceptions comme
ses règles générales. Les circonstances modi-
fient cette première disposition, ces lois comme
ébauchées, que nous appelons principes. La loi
absolue et inflexible n'est pas la loi de la Nature, puisque les incidents qui établissent des
différences, sont compris dans la Nature.

Souvent une femme restée libre se trouve
dans la nécessité d'opter. Ou elle sera toujours
chaste : mais cette difficulté est dangereuse, et
ne fût-elle qu'inutile, ce serait du moins une
sottise de souffrir des privations gratuites, de
s'imposer en vain des efforts, de se condamner
à une vie immobile.

Ou elle s'expose à devenir mère : imprudence vraiment absurde, puisque les suites en sont terribles.

Ou elle se réduit à de tristes ressources, qui ne sont pas toujours coupables, mais dont l'habitude s'écarte beaucoup plus des lois naturelles, que les situations de la vie ordinaire ne peuvent l'autoriser.

Ou enfin elle jouit en imposant la loi d'une précaution qui n'est pas immédiatement dans la nature, mais qui certainement est moins opposée à la raison que de tromper ou de se perdre.

S'il était impossible d'éviter un inconvénient quelconque, le mal qu'on choisirait avec simplicité de cœur, se trouverait permis par le devoir, et même commandé par la prudence. Il est quelquefois très difficile de distinguer quel mal on doit préférer de faire.

Cicéron prétend que quand on ne sépare pas l'honnête de l'utile, on n'est plus embarrassé sur les Devoirs. Je pense avec lui qu'en regardant l'honnête et l'utile comme une même chose, on évite beaucoup de confusion ; mais j'ajoute qu'il reste encore bien des cas difficiles à décider.

Brueys a dit aussi faussement : « Nous ne manquerions jamais à nos devoirs, si la connaissance que nous en avons était toujours suivie de la volonté de les remplir. »

Nous avons, il est vrai, des gens qui veulent qu'on ne fasse aucun mal ; mais ou ils n'y ont pas songé, ou ils n'y sauraient rien entendre, ou bien ils ont deux morales.

Les hommes n'y trouvant nul danger pour eux-mêmes, oublient facilement quel mal on fait en rendant enceinte une femme qui ne le veut pas, qui ne peut pas le vouloir. Ils ne sauraient ignorer combien une telle indifférence est odieuse, et tout ce qu'il a de méprisable dans l'égoïsme de cet abandon brutal. Mais ce qu'ils semblent ignorer presque tous, c'est que, même dans les unions sanctionnées par les lois, il est imprudent, blâmable, insensé, d'avoir autant d'enfants que le hasard en quelque sorte en peut produire. On les fait naître sans le vouloir, et sans s'inquiéter s'il sera possible de leur donner ce qu'il faut, pour que la vie ne soit pas un fardeau de misère, avant que le cœur en ait connu les ennuis.

On aurait tort de regarder ceci comme vraiment contraire à cette extrême population, idole de tant de publicistes. Si les mariages étaient mieux réglés, ils ne seraient pas si souvent malheureux ; si les mariages malheureux n'étaient pas indissolubles, ils seraient beaucoup moins funestes. Si le mariage était moins redoutable, il y aurait moins de célibataires. Le nombre des enfants qui naissent dans nos grands États, n'excède pas le nombre qui pourrait naître, sans surcharger une seule des familles à qui plusieurs enfants sont maintenant une charge terrible.

Je ne parle point à présent des Institutions à établir ; je veux donc m'interdire les considérations politiques relatives à l'Amour. Je ferai peu de remarques : je ne prononce point.

Lorsque les arts étaient inconnus, et les peuplades faibles et isolées, on chercha les moyens d'obtenir un accroissement plus rapide dans la population : on voulait également multiplier et les hommes qui pouvaient défendre le pays, et les troupeaux qui pouvaient le nourrir. Les femmes stériles se présentaient devant l'emblème consacré, le Lingam. On y conduisait les bestiaux.

Dans des circonstances opposées, on voulut arrêter une multiplication excessive et funeste :

parce qu'on peut bien mettre sur un même point un grand nombre d'hommes, et même les y nourrir, mais que l'on ne peut pas les y rendre heureux.

Dans l'état actuel de l'Europe, quel avantage se promet-on d'une plus grande population, quand le quart de celle qui existe se consume dans une misère profonde ?

« Un de nos torts, dit Mme Necker, est de vouloir étendre la morale sur des êtres qui n'existent pas encore, aux dépens de ceux qui existent. Le néant comme l'infini n'appartient qu'à la providence ; elle seule peut remplir l'un et faire cesser l'autre. Vouloir attaquer les propriétés, sous le prétexte de faire naître un plus grand nombre d'hommes, c'est manquer à des devoirs réels pour un devoir peut-être imaginaire : celui que Dieu nous a imposé, c'est de rendre heureux ce qui existe. A la manière dont on calcule aujourd'hui, on dirait que l'espace de la création est borné, et qu'il faut tâcher de le remplir de créatures vivantes, sans aucun vide, comme l'univers de Descartes... Ce qui est, voilà le soin que Dieu a donné à l'homme ; ce qui n'est pas encore est sous le regard de Dieu seul, sous sa puissance et sa volonté immédiate... C'est le bonheur des

,êtres vivants qu'il exige de nous, et non leur
existence qui ne dépend pas de nous. »

« Que les hommes sachent, dit Condorcet,
que, s'ils ont des obligations à l'égard des êtres
qui ne sont pas encore, elles ne consistent pas à
leur donner l'existence, mais le bonheur ; elles
ont pour objet le bien-être général de l'espèce
humaine ou de la société dans laquelle ils vivent,
de la famille à laquelle ils sont attachés : et non
la puérile idée de charger la terre d'êtres inutiles
et malheureux. »

« Le point principal, prétend Voltaire, n'est pas
d'avoir du superflu en hommes, mais de rendre
ce que nous en avons le moins malheureux
qu'il est possible. La plupart des pères de famille
craignent d'avoir trop d'enfants et les gouvernements désirent l'accroissement des peuples :
mais si chaque royaume acquiert proportion-
nellement de nouveaux sujets, nul n'acquerra de
supériorité. »

Et Portalis affirme : « Il y aura toujours assez
de mariages pour la prospérité de la République ; l'essentiel est qu'il y ait assez de mœurs
pour la prospérité des mariages. »

Le plus grand nombre des mécaniques humaines obéit stupidement à l'action des premiers ressorts, sans songer seulement à la diriger. Cette population nombreuse et vile fait l'orgueil des États ; elle naît comme elle vivra, comme elle pensera, comme elle sentira, tout à l'aventure, sans prudence, sans ordre, sans goût, sans règle ; c'est l'opprobre de la Terre que sa masse surcharge ; il semble qu'elle prenne à tâche de justifier les déclamations des prophètes de paroisse. Voilà l'homme. Discoureurs erronés ! l'homme n'était pas ainsi ; mais voilà les hommes que font la routine de nos usages, l'insouciance des vieux Gouvernements, la grandeur colossale de nos cités, et cette politique des pays où le militaire n'est pas pris dans la population entière, cette politique qui ne veut que des bras qu'on puisse calculer dans les expériences pour la gloire.

Un fermier dont les enfants ne sont pas la ruine et seront même le soutien, un imbécile qui connaît peu les lendemains, un mendiant de profession qui élèvera sa race à mendier comme lui, peuvent se livrer sans contrainte à l'honneur de peupler leur pays ; on leur prouvera, s'ils veulent, que c'est là l'aimer et le servir.

Ce n'est pas avec des précautions incertaines

que l'on évite les malheurs de la grossesse.
Quand la fortune ou les circonstances l'exigent,
il faudrait prendre le parti de la continence ;
mais si l'on y substitue d'autres précautions, il
sera très imprudent de n'avoir qu'une demi-
prudence. Sans doute ne rien hasarder est gê-
nant pour l'homme, cependant qu'il se souvienne... Ignorons le vilain rire d'une foule
débauchée : ses expressions ordurières, ses plaisanteries n'avilissent qu'elle, et ne peuvent
changer les choses.. Son imagination basse s'est
plue à changer en obscénité ce dont le génie
avait fait la gracieuse Vénus. Trop malheureusement ces inepties, qui n'ont pas trouvé d'opposition dans notre morale, s'y sont affermies
par leur durée ; elles ont achevé de la remplir
d'incertitude, et l'ont rendue petite comme nos
mœurs.

Que l'homme se souvienne, disais-je, qu'il
doit être homme, qu'il doit être incapable de se
laisser aller à une chose funeste dont il sait
l'importance, que la faiblesse n'a jamais d'excuse chez lui, et que pour l'homme il n'est
point de moments d'oubli. Quand il jouit d'une
femme, peut-être il doit se souvenir de ne pas
immoler le repos d'une vie dont la sienne est

embellie : ne faut-il pas qu'il se souvienne, sous
l'épée de l'ennemi, de ne rien faire, de ne rien
dire qui diminue l'honneur, au moment même
où les ombres funèbres vont le séparer de cette
gloire qu'il retient encore ? Partout et toujours
c'est une lâcheté de faire ce que la raison condamne. Comme si la vertu n'avait qu'un mode,
nous plaçons toute celle de la femme dans la
chasteté, nous faisons consister celle de l'homme
dans la bravoure ; et pourvu que l'on excelle en
ces deux points, nous dispensons presque de
tout le reste. Du moins si notre morale n'autorise pas expressément cette visible erreur, elle
la consacre en quelque sorte à force de la tolérer. C'est une grande preuve que notre morale,
toujours négligée, toujours abandonnée à des
sectaires, est restée indigne du point où sont
parvenues nos lumières dans les autres parties,
moins importantes pourtant, de la civilisation.
L'esprit général de notre morale n'est encore
autre chose que l'Honneur des *barbares*. Est-il
donc plus difficile d'être homme en jouissant
qu'en expirant ? S'il faut, dans les tourments de
la mort, songer pour soi-même à ne pas désho-
norer ce qui nous échappe, est-il moins juste
dans l'excès des voluptés, est-il plus difficile-

ment héroïque de songer à l'avenir pour l'amie
qu'on aime et qui nous reste ?

Et quant à l'homme à qui elle ne restera
point, et qui se soucie peu des résultats, ne la
possédant aujourd'hui qu'avec le dessein de
l'abandonner demain, c'est un être trop méprisable, c'est d'ailleurs un vrai criminel ; et la
seule réponse à lui faire, serait celle dont les
bourreaux sont chargés.

Une femme entraînée et vaincue par le plaisir
peut oublier, dans un moment d'ivresse, ses intérêts les plus essentiels et le repos de sa vie ;
elle peut mettre une certaine opposition à cette
prudence, dont l'émotion du moment présent
néglige les conseils importuns. Quelque faiblesse
dans une femme ne doit point choquer ; il est
des faiblesses voluptueuses qui plairont à
l'homme, sans en être précisément approuvées.
Mais abusera-t-il de l'abandon même de ce plaisir qu'elle consent à trouver avec lui ? Voudra-
t-il qu'elle s'en repente le reste de ses jours,
qu'elle en soit indignée dès l'instant suivant ?
Une femme peut céder à des voluptés que sa
raison ne lui a pas interdites : elle peut alors
être un moment vaincue : les qualités aimables
appartiennent surtout à son sexe ; mais celles

dé l'homme sont les qualités mâles. Là où elle n'est que faible, l'homme serait méprisable. D'ailleurs, la femme ne risque guère que son propre sort, et alors l'imprudence n'est pas un crime ; mais c'en est un réel de risquer, pour une minute plus commode, le sort de ce qu'on devrait au contraire aimer et protéger.

Des besoins devenus extrêmes dans la solitude, légitiment peut-être un soulagement accidentel ; et même parmi nous, beaucoup de simples irrégularités sont justifiées, quand on ne cède en quelque chose que pour ne se permettre jamais rien qu'un devoir important défende.

Si une femme mariée, qui ne veut pas manquer à sa foi, se trouve seule ou absolument négligée, elle a une excuse qu'il est de l'intérêt des mœurs de trouver légitime. Soyons moins exclusivement sévères dans ce qui ne peut nuire. Plus d'un adultère doit être attribué au rigorisme d'une Tante sans tempérament, ou d'un Directeur qui n'ose y penser ou dire ce qu'il pense. En n'accordant rien aux désirs, on les irrite, et l'on s'expose à oublier enfin des devoirs qui se trouvent comme affaiblis par la force des besoins et de l'imagination. C'est tout confondre que de placer des précautions peut-être inutiles au rang d'obligations sacrées ; si l'on prescrit ce qu'on devrait seulement conseiller, quelle autorité réserve-t-on pour ce qui ne peut être enfreint sans blesser tout ordre et toute justice ?

V

LA NUDITÉ N'EST PAS INDÉCENTE

Nous avons une autre manière de voir que les Anciens sur la Nudité, ou plutôt nous voyons peu de choses en tout cela. Les Anciens avaient des esclaves, mais chez eux l'homme libre était libre : ici sa pensée est esclave, et la coutume est devenue la loi du Monde.

On connaît les *singularités* des conceptions profondes de Lycurgue, et les fêtes de plusieurs lieux de la Grèce, et les Lupercales de Rome, et ces rites plus antiques, selon lesquels les femmes nues dansaient devant le Taureau Apis.

Dès longtemps nous avons anathématisé les institutions qui prescrivaient la Nudité dans les rites religieux. Cependant on rencontre, dans quelques circonstances des temps modernes, une trace de l'indifférence avec laquelle l'antiquité voyait ce qui nous révolterait maintenant. Les historiographes rapportent que des filles nues, placées sur les marbres d'une fontaine, offrirent du lait à une Reine de France, faisant son entrée à Paris. Vers la fin du XVIe siècle, on voyait encore à Paris, et dans les campagnes, de ces processions où des flagellants et d'autres dévots allaient demi-nus, ou entièrement nus.

Le premier mai, à Paris, les courtisanes montaient nues sur le théâtre, et de là couraient dans les rues avec des flambeaux. Lorsque Louis XI fit son entrée à Paris, des filles toutes nues représentaient des Sirènes.

Des relations récentes disent qu'au port de Jackson, les naturels, habitant avec les Anglais depuis quinze ans, n'ont point adopté leurs manières : il arrive qu'ils mettent des vêtements à cause du froid, mais jamais rien pour cacher la nudité.

Dans les bains ou étuves de la Laponie et de quelques provinces de la Russie septentrionale, les femmes et les hommes sont réunis et nus. En sortant de la vapeur, on va en plein air, on se couche sur la neige, on s'affermit ainsi contre l'intempérie de ces climats ; si la cabane du bain se trouve sur la route, et que des étran-

gers passent, les femmes s'approchent pour regarder les traineaux, sans se mettre en peine de
ce qu'elles n'ont aucun vêtement. Je ne parle
point des bains des Romains, du temps de Ti-
bulle ; je ne cite point ce qu'on pouvait regarder comme un abus dans des temps de licence,
mais ce qui fait partie des mœurs reçues dans
des contrées entières.

Dans les jeux floraux, les filles publiques
allaient toutes nues dans la ville, dit Sénèque,
épître 97e ; le peuple n'osa demander ces jeux
du temps de Caton ; mais les *mœurs n'en étaient
que plus licencieuses.*

Caton fut un personnage vertueux ; mais je
pense, avec plusieurs, qu'il fut plus opiniâtre que
sage, et que sa fausse politique servit merveilleu-
sement César.

A Pegu, et dans d'autres villes, les femmes
sont habituellement presque nues. Que l'on ne
parle point du climat : si cela est contre la décence, la chaleur ne l'autorise pas. Il fait aussi
chaud à Bassora : l'on n'y est pas nu. L'usage en
décide, et c'est sans importance pour les véritables mœurs.

Dans les repas de luxe et dans les festins hos-
pitaliers des anciens, on joignait au plaisir de la

table d'autres amusements, dont sans doute on abusait souvent, mais dont l'usage presque universel a prouvé que les mœurs publiques n'en étaient pas plus altérées que par la pruderie Nazaréenne.

Voici le passage de l'historien Quinte-Curce, traduit par M. Beauzée : « Les femmes qui se trouvent à ces banquets, y paraissent d'abord avec un maintien modeste ; ensuite elles se dépouillent de tout ce qui les couvre *par le haut*, et oubliant peu à peu ce qu'elles doivent à la pudeur, à la fin (sauf le respect qui est dû aux oreilles chastes) elles rejettent encore les voiles destinés à cacher les *parties inférieures* de leur corps : et ce ne sont pas les courtisanes qui s'abandonnent à cette infamie, ce sont les femmes et les filles les plus honorables, qui regardent cette prostitution avilissante comme un devoir de politesse. »

La Nudité tient à des convenances multipliées. Une nudité entière est quelquefois sans indécence. Une nudité partielle est souvent très indécente ; elle est gauche et sans goût, elle rappelle ces plaisirs impurs auxquels on cède en les regardant comme un attentat, elle rappelle les passions hypocrites et dégoûtantes de la pru-

deric ou de la débauche. C'est ce défaut de goût
et de convenance qui rend obscènes la plupart
des livres et des gravures libres. La Nudité est
odieuse à ceux qui ont perdu la force et dès lors
la grâce du désir ; elle l'est encore à ceux qui
ne sauraient avoir le sentiment d'une liberté de
mœurs raisonnée.

Ceux dont les jouissances inconsidérées ou
mal choisies ont perverti les affections et abruti
les sens, ne voient plus dans l'amour physique
que les grossièretés de leurs habitudes. Tout est
perdu pour eux : et la franchise des instants de
liberté ; et le délicieux accord des volontés sans
contrainte ; et la grâce d'un abandon qui sur-
passe l'attente, ou d'un pressentiment subit du
plaisir ; et cet inexprimable repos de l'âme, qui,
lorsque tout semble entraîner les sens, leur commande de rester paisibles, et jouit de n'avoir pas
eu besoin d'autre chaîne, de s'être donné les
forces de la nécessité.

Une nudité les choque, parce qu'il n'y a plus
chez eux d'intervalle entre la sensation qu'ils en
reçoivent et l'appétit animal auquel se réduit
toute leur volupté. Ce besoin réveillé dans eux,
leur plairait encore en rappelant du moins les
plaisirs informes que cherchent des organes plus

lascifs qu'embrasés ; mais comme ils n'ont pas
conservé la véritable pudeur, ils ont laissé les
dégoûts se mêler dans les plaisirs. Comme ils
n'ont pas su distinguer ce qui convenait d'avec
ce qui ne convenait pas, même dans l'abandon
des sens, ils ont cherché de ces femmes qui cor-
rompent les mœurs en perdant les manières, et
qui sont méprisables, non pas précisément parce
qu'elles cèdent au plaisir, mais parce qu'elles le
dénaturent, parce qu'elles le détruisent en met-
tant la licence à la place de la liberté. Ils ont
tout à fait dissipé les séduisantes illusions, parce
qu'ils se sont permis ce qui répugne à des sens
délicats, parce qu'ils ont confondu des choses d'un
ordre très différent. Leurs imprudences ayant eu
des suites hideuses, ils ne sauraient plus connaître
ni la candeur de la volupté, ni cette simplicité
du cœur dont le contentement eût remplacé
d'autres prestiges. Leur imagination n'est plus
allumée que par ces émotions brutes que l'imagination devrait à peine connaître ; leurs sensations plus indécentes qu'avides, leurs idées plus
grossières que voluptueuses, leur mépris pour
les femmes, preuve assez claire du mépris qu'ils
ont eux-mêmes mérité, tout leur présente ce que
l'amour peut avoir d'odieux, et peut-être tout

en rappelle les dangers. Mais le charme primitif
de l'amour et sa puissance sur les âmes pures,
tout ce qu'il a d'heureux et d'aimable n'est plus
en eux. Il leur faut des filles pour s'amuser sans
retenue, avec ce triste dédain qui les condamne
eux-mêmes ; il leur faut aussi des femmes très
modestes qui puissent leur en imposer encore,
quand ils ne savent plus comment trouver les
heureux obstacles d'une délicatesse à jamais méconnue, ou qui, n'étant pas des femmes à leur
égard, ne leur donnent point le sentiment
importun de ce qui n'est plus fait pour eux.

VI

DES ABUS

La crainte des grossesses et un autre motif aussi éloigné d'une voluptueuse délicatesse que digne des recherches d'une débauche surannée, perpétuèrent la fantaisie de jouir d'une femme sans jouir de son sexe. La première de ces raisons est la seule qui paraisse mériter que l'on s'y arrête ; cependant elle est insuffisante : l'homme doit préférer de se sacrifier en quelque chose, alors on n'aura pas besoin de recourir à de pareils moyens. C'est l'avilissement des prostituées qui permet au despotisme de l'homme de substituer cet abus odieux à une réserve qui serait gênante pour lui ; il préfère d'immoler la femme, de la consacrer absolument à ses caprices, il méconnaît assez le plaisir pour négliger d'en donner.

Les prostituées dégradèrent l'amour; si elles
devinrent presque nécessaires, c'est par une
suite des erreurs morales. On vit des Courtisanes dans des temps moins austères, et les
Indes ont encore leurs Balladières; mais les
nôtres sont plus viles; et elles sont plus avilies,
parce qu'elles sont plus étrangères à l'esprit de
nos mœurs ostensibles.

C'est chez elles que tant d'hommes vont
prendre, avec le mépris des femmes, le mépris
de toutes les convenances. Ne pouvant plus
sentir en amour, que sentiront-ils? Le sexe
libre veut établir que chez lui tout est sans conséquence. Ainsi ce serait une chose indifférente
d'aller, non pas sans aimer, mais sans connaître,
non pas sans estimer, mais sans être arrêté par
le mépris dont on est plein, ce serait une chose
indifférente d'aller au hasard, pour des grossièretés qu'aucune séduction n'excuse, chercher
dans l'opprobre les restes de ces maux qui firent
le désespoir de plusieurs millions d'hommes!

Les Jouissances entre des individus du même
Sexe sont plus éloignées des indications de la nature que la Bestialité même. Cette union bizarre est
aussi nécessairement stérile qu'elle est dépravée,

tandis que le mélange des diverses espèces, produisant ou une race nouvelle, ou des monstres, est quelquefois justifié dans les animaux, sans pouvoir l'être entre l'homme et les êtres incapables de sentir comme lui, ou qui ne produisent point avec lui. Mais l'homme devait atteindre dans sa curiosité, ses désirs et ses entreprises, tous les degrés d'élévation et de bassesse que son imagination découvrirait.

Une des premières causes de cet abus peut avoir été l'oubli de la pudeur réelle chez les femmes ; mais qu'y pourrait-on gagner ? Quelle grâce, quelle illusion peut-on espérer dans ces plaisirs où l'amour n'a laissé que des besoins lascifs, et quelquefois une passion plus singulière peut-être que ces jouissances mêmes. Rien ne choque davantage dans l'histoire des Mœurs que les écarts, et pour ainsi dire les habitudes des beaux siècles de la Grèce, et du siècle le plus brillant de Rome. Beaucoup de peuples les ont partagés, mais l'exemple de la terre entière n'en serait pas la justification. L'exemple n'autorise que ce qui dépend de l'homme : ici, l'inconvenance est dans la nature des choses, et la solitude même, n'autoriserait pas l'homme à se livrer à l'homme.

Mais il n'est pas surprenant que parmi nous l'on s'écarte en beaucoup de choses de l'ordre naturel ; nos institutions nous en séparent elles-mêmes. Les jouissances dépravées s'introduiront toujours dans les camps, dans les couvents, dans les collèges, partout où l'on entassera des êtres du même sexe.

Un écart semblable chez les femmes trouverait une excuse, si des écarts réels pouvaient être légitimés par les considérations prudentes qui semblent interdire d'autres moyens.

Les femmes ont des motifs de craindre l'homme ; elles en ont d'autres pour n'avoir point avec un homme une liaison qu'il est si difficile et si rare de tenir exactement secrète. Quelques-unes ont cherché des dédommagements où elles ne voyaient point d'inconvénients de ce genre, elles ont trouvé dans une amie de quoi se passer d'amant, en évitant d'une manière infaillible les principaux dangers d'une union plus naturelle. Le sexe qui les condamne leur rendit redoutable ce qui était bon. Hâtons-nous moins de les juger trop sévèrement ; avouons même, sans les justifier, qu'elles sont souvent très embarrassées parmi nous.

VII.

BEAUTÉ ET MORALITÉ DE LA VRAIE JOUISSANCE

En toutes choses, le seul bonheur de la vie, le seul plaisir moral qui ne soit pas absolument vain, c'est de donner du plaisir à d'autres ; en recevoir n'est pas le bonheur, ce n'en est que la vaine promesse. Dès qu'on a connu la vie, l'on a sondé le néant de ces jouissances personnelles que nos désirs cherchaient dans l'ignorance des choses.

Le plaisir donné est plus grand que le plaisir reçu. Il en peut être autrement chez beaucoup d'hommes ; mais qui jamais s'avisera, en amour, de parler pour cette populace que notre morale suppose toujours après l'avoir elle-même produite ?

La Jouissance est rapide ; si elle n'était pas nécessaire à nos organes, les autres plaisirs, les

caresses intimes vaudraient plus, sans elle, que
cette jouissance extrême dépouillée de tout ce
qui l'accompagne et l'embellit.

On passera six heures délicieuses avec une
femme aimée, ou seulement agréable et estimée;
le souvenir même en sera gracieux, car le plaisir
est dans la communication.

Malheureux, embarrassés, surchargés de besoins, poursuivis par les difficultés, et parve-
nant à peine à conduire jusqu'à son terme ordinaire une vie dont le crime réel perdrait le repos, mais dont le devoir réel ne console pas
toujours les ennuis ; nous voulons encore, pour
la vaine prétention de dissimuler notre misère,
exiger que l'on entretienne un désir qu'il faut en
même temps réprimer, un appétit qu'il est défendu d'assouvir ! La justice n'a point prescrit
ces devoirs rigoureux indiqués par des aperçus
trop circonscrits. L'équité se compose de la juste
estimation de motifs opposés. Souvent elle condamne par des raisons plus fortes encore, ce que
d'autres lois de la nature semblaient conseiller.
C'est changer les principes, que d'en faire une
application uniforme et inflexible ; les vérités
particulières deviennent fausses dans cette acception trop générique ; elles s'éloignent alors

de la vérité morale qui est fixée au point où peuvent se réunir le plus de convenances, où l'on peut concilier un plus grand nombre de résultats utiles. Dans notre existence courte et laborieuse, n'attirons point le désespoir sur les pas trop précipités de la vertu. Excusons le solitaire, excusons une femme qui ne peut ou ne doit pas écouter l'amour ; mais qu'une ressource méprisable en elle-même ne leur reste que comme un moyen méprisé de faire taire un besoin inutile ; qu'on y ait recours comme on boit de l'eau de mare, seulement lorsqu'il est impossible d'en avoir d'autre, et que la soif tue.

En réduisant la volupté à un simple soulagement, en n'y voyant plus qu'un préservatif conseillé par l'hygiène, on diminue le désir pour ce qui donne des couleurs à la vie, pour ce charme, ces grâces, ces agréments, cette marche de l'espérance dont le prestige n'est fondé que sur le désir de la jouissance, et dont on perd le sentiment, quand on perd ce premier des désirs. On se sépare de la moitié du genre humain ; c'est se réduire à ce qu'on aimait le moins, c'est renoncer aux plus douces affections, c'est choisir une vie stérile.

Il est utile de chercher les raisons de cette

différence qui rend les plaisirs partagés bons par
eux-mêmes.

L'homme bien organisé ne possède réellement
que les biens qu'il partage. Cette loi de la Nature devient plus sensible dans les divers plaisirs, en raison de leur activité. Dormir est une
jouissance en quelque sorte négative, on pourra
jouir seul du sommeil ; il n'en est plus de même
d'un repas, surtout quand il y entre des stimu-
lants qui pressent nos idées et animent nos sensations. Comment jouirait-on seul d'un plaisir
que sa destination rendait mutuel, d'une jouissance qui emploie tous nos moyens, qui ébranle
tous nos organes, et qui en exaltant nos facultés,
excite dès lors dans toute leur force les sentiments avides, heureux lien de l'espèce entière,
lien plus particulier des sexes et surtout des individus choisis l'un par l'autre !

Dans les vraies jouissances, la progression des
caresses entraîne si loin, qu'elle fait oublier l'indifférence ou la fatigue de la vie commune. Non
seulement on jouit davantage par l'effet de cette
loi générale qui augmente les biens commu-
niqués, mais on jouit autant que les forces humaines le permettent, parce que c'est le propre
de cet ordre de sensations qu'elles soient mu-

tuelles, et parce qu'alors elles sont embellies par
le sentiment de ces avantages que l'on a en soi,
et de cette puissance générative, la première des
facultés corporelles.

Si l'amour se joint à la possession, si du
moins on jouit de l'objet d'un choix exclusif,
d'un désir particulier et raisonné ; s'il se donne
avec les mêmes goûts, avec les mêmes sentiments de préférence, les plus délicates séductions de l'amour-propre s'unissent aux illusions
du plaisir, et les hautes promesses de l'espérance se trouvent un moment remplies.

Sans doute l'ombre du bonheur ne s'arrête que
sur l'homme qui connaît la généreuse audace des
vertus utiles et laborieuses, la majesté de ces
hautes conceptions qui réforment les peuples, et
la permanence de l'amitié véritable. Mais, dans
les plaisirs, le seul qui paraisse suffire aux mouvements avides de la sensibilité, c'est de jouir
dans un mutuel amour. Cet élan rapide, en élevant quelquefois l'âme, pourra l'étendre ; cet
écart naturel, cet excès toujours contenu, rompra
l'uniformité de la sagesse, afin que la paix ne
devienne pas une mollesse raisonnée : alors la
sagesse des Sages sera la sagesse entière.

SIXIÈME PARTIE

USAGES

I

DU SYSTÈME MORAL CONSACRÉ CHEZ LES MODERNES

J'ai parlé des législateurs anciens ; j'ai observé que le trait hardi de leurs grandes ébauches paraissait grossier, parmi les dessins corrects et les formes affaiblies que leur opposent les modernes. Je n'ai point prétendu décider la supériorité du génie des siècles où tout commença, et tout s'entreprit, sur les siècles qui éludent ou qui répètent. Je pense même que l'homme supérieur de nos jours a souvent beaucoup plus de science et quelquefois autant de génie que les grands hommes d'alors ; mais les obstacles aux conceptions inusitées sont si grands maintenant, du moins en Europe, qu'il faudrait un concours de circonstances heureuses pour faire entreprendre de les surmonter. On connaît l'homme aussi bien qu'autrefois, mais les choses ont une force

15

d'inertie qu'elles n'avaient pas dans le temps des
essais ; la multiplication démesurée des hommes,
la masse énorme des peuples entassés sous la
même loi, rendent la vie populaire si laborieuse
et soumise à tant de besoins, qu'il est impossible
de la changer sans faire d'abord des sacrifices.
La masse qui pullule, suppose que la vieille habitude de sa misère et la vieille nuance de ses
mœurs sont aussi naturelles que la marche des
astres ; elle voit son train de vie comme elle entrevoit ce cours permanent du Monde, dont elle
n'imaginait pas que le changement fût possible.

Notre législation s'est trompée dans le choix
des penchants qu'il fallait effectivement contenir,
et de ceux qu'on pouvait satisfaire.

L'homme a tous les besoins de l'animal ; et il
faut bien que tous soient bons dans le principe,
puisqu'ils furent donnés.

Mais plusieurs de ces besoins deviennent funestes dans la société. Ainsi, le besoin d'oublier
quelquefois le respect de la propriété, de quitter
le joug des lois ; le besoin de battre, de piller,
de détendre le ressort trop comprimé, de frapper,
de violer, d'incendier, voilà les vraies causes qui
perpétuent la Guerre. Ces causes ne sont point
dans les difficultés de la politique ; on eût trouvé

le moyen de les concilier, s'il n'y eût eu dans la
guerre ni sang, ni pillage, si la victoire eût été soumise au sort des dés, au lieu de dépendre du sort
des combats, s'il n'y eût eu ni musique, ni eau-
de-vie, ni avancement, ni licence... On reproche
la guerre aux passions des rois ; mais ils ne la
feraient plus, si elle n'était point la passion du
peuple ; c'est lui-même qui vénère cette Minerve
farouche, cette Sagesse des barbares, monstre
qu'on adore par amour du crime, et dont les
voix désastreuses s'élevant avec une audace
trop bien calculée, déposent encore, après quarante siècles, contre la bienfaisance et la divinité
des religions, et contre le perfectionnement social.

Maintenant il est presque impossible que la
manière générale des sociétés soit changée autrement que par les suites d'une grande révolution physique. Cependant il sera toujours utile
de ne pas abandonner la vue de ce qui devrait
être ; on entrevoit encore des lieux et des moments particuliers où il ne serait pas impossible
de s'en approcher, et il pourrait s'en trouver où
de véritables institutions ne seraient point déplacées. L'Égypte avait vieilli ; mais auprès d'elle
la Grèce était jeune. Aujourd'hui les voyageurs

inquiets parcourent en tous sens les terres les
plus sauvages des peuplades les plus reculées.
Cependant, que de pays recevraient encore des
Djemschid, des Moyse, des Minos, des Pythagore ! Mais ils ne produiraient point de denrées
coloniales.

Les Orientaux rêvèrent de Purs Esprits ; cette
idée se propagea, elle devint dominante. Il fallut
prescrire des mœurs convenables aux êtres sur-
naturels qu'on supposait ; il est vrai que ce n'était
pas leurs mœurs qu'on avait à régler, c'était les
nôtres ; mais ne fallait-il pas que nous devins-
sions semblables à eux ! Avec ces prétentions
angéliques au dehors et pour la montre, nous
ne pouvions manquer d'avoir une morale de
singes. L'Italie ancienne ne rougissait point de
ses Lupercales ; l'Italie moderne, après avoir
aboli, dans l'Europe, ce grand scandale, vit des
chèvres descendre des Alpes à la suite des ar-
mées. Ce n'est pas que Montesquieu, Helvétius
et plusieurs autres, n'aient hasardé d'indiquer ce
qu'il faudrait faire. Notre siècle sait tout ; et
notre siècle n'établira rien.

II

EFFETS DIVERS DE L'AMOUR SUIVANT LES LIEUX

Quand des nations, placées dans l'indépendance, demanderont une de ces formes distinctes
qui diminuent notre malheur, lorsqu'elles sont
bonnes, et peut-être aussi lors même qu'elles ne
le sont pas, on pourra sous tous les climats trouver dans l'amour le lien principal de la Cité.
Mais les climats extrêmes opposeraient quelques
obstacles, tandis que le ciel d'Ionie, la tempéra-
ture d'O-Taïti, naturaliseraient d'abord ce que
l'on voudrait établir.

En Occident, l'amour est une harmonie délicate ; il soutient habituellement l'âme ; il est
dans le cœur comme une occupation douce, et
qui répand de la grâce sur les sensations, sur

les affections, sur les rapports actifs et passifs de la vie.

Dans le Midi, l'amour est un appétit absolu, une fermentation comme la fièvre de la colère ; il irrite, il excite les affections despotiques et haineuses. Dans le Nord, c'est une agitation modérée qui entretient la vie, qui soutient les affections aimantes.

Les peuples actifs et qui luttent sans cesse contre les besoins directs, les hordes demi-sauvages, les peuples chasseurs, ne voient presque dans l'amour qu'une diversion, qu'un amusement ; il n'a chez eux que des saisons. On s'en occupe, quand on n'est occupé ni de chasser, ou de se venger, ni de boire, de danser ou de fumer.

Dans les hommes, l'amour atteint la pensée, mais il est surtout dans les affections ; il tient au besoin d'éprouver de la joie et des plaisirs ; c'est l'objet qu'on envisage comme propre à donner au cœur un but actuel, au milieu des soucis qui reculent toujours le but de la pensée.

Dans les femmes, c'est la grande affaire de la vie. L'homme est en possession de toutes les autres, il n'a point laissé de but aux femmes ordinaires ; elles n'ont rien à espérer que par les hommes, et rien à faire que d'espérer d'eux.

Presque partout où elles sont plus assujetties que dans le Nord de l'Europe, elles le sont trop : ce n'est plus la dépendance des choses, c'est la soumission aux hommes. L'imagination agit trop ici chez elles, et là pas assez. Elles y attendent tout de la volonté de l'homme, comme ici elles attendent tout de sa passion.

Chez les peuples dont les mœurs sont plus grossières que simples, les femmes sont abruties par l'asservissement. Elles reçoivent un homme, et ne l'aiment pas : ou bien elles aimeront en esclaves : elles admireront un guerrier, elles seront étonnées devant l'être fort. Si plusieurs de ces peuples font faire par les femmes les travaux les plus rudes, ce n'est pas toujours une suite de la faiblesse de ce sexe, il faut encore en chercher d'autres causes. Les affections passionnées y sont peu durables, elles n'ont d'autre objet que la jouissance, elles y changent trop subitement. Ces retours, ces intervalles marqués, inspirent une sorte de mépris pour ce qu'on peut si facilement cesser d'aimer : et ce mépris est naturel là où l'homme n'a d'autres sentiments que les résultats informes du besoin.

Les peuplades septentrionales auront d'autres raisons pour laisser les femmes dans une grande

infériorité. La force corporelle est surtout ce
qu'on y chérit, et les femmes n'y seront guère
estimées que quand les mœurs des villes y ren-
dront les hommes sensibles à d'autres avantages,
à un autre mérite.

III

DES PLAISIRS DITS LÉGITIMES

Plusieurs législateurs avaient senti qu'il était sage, ou même indispensable, de laisser aux désirs quelque liberté ; que c'était conserver le droit de les contenir, et s'en réserver les facilités ; qu'une sévérité plus exigeante ne saurait empêcher. longtemps les écarts secrets, auxquels il n'y a plus de bornes dès qu'on s'est vu réduit à les tolérer ; que ce n'était pas assez d'avouer des plaisirs réglés, qu'il fallait encore en tolérer. en autoriser, en établir qui fussent irréguliers peut-être, mais d'autant mieux adoptés au cœur de l'homme plein de fantaisies, occupé de changements, avide d'excès.

Le Christianisme, au lieu d'effectuer la réforme des mœurs, n'a fait qu'en annoncer la dangereuse prétention. Après beaucoup de li-

cence, une pureté si grande et si vaine, inconsidérément exigée, produisit quelque dévouement
réel, et beaucoup plus d'hypocrisie. Interdire à
l'homme toute faiblesse, et pourtant ne rien
faire, ou presque rien pour former des hommes
capables de suivre sincèrement une règle sévère, c'est retarder de plusieurs siècles l'amélioration morale. Perfection et servitude, c'était
deux choses absolument incompatibles ; on voulut les réunir : il n'en résulta que fanatisme et
corruption.

L'austérité ne produit rien : c'est un esprit
destructeur. L'austérité peut faire cesser le désordre visible, parce qu'il est de sa nature de
tout arrêter par l'étonnement ; mais elle n'établira pas un ordre universel et durable. Cette
règle claustrale fait taire les volontés, et n'en
change pas les mouvements ; le silence règne
au dehors, mais tout s'exprime à voix basse, et
des signes cachés substituent aux actions connues les intentions perfides et les dédommagements solitaires. Cet esprit personnel de subter-
fuges et de duplicité tranquille, relâche ou com-
prime à jamais dans l'âme les ressorts généreux
de l'indépendance qui seuls offraient de grands
moyens à l'autorité publique.

IV

DU MARIAGE

Des motifs assez puissants, et qu'il ne s'agit point d'examiner ici, firent instituer le Mariage. Le plus décisif en économie politique, fut l'espèce de nécessité de donner aux enfants une naissance légale, des protecteurs de la faiblesse du premier âge, un état, l'existence sociale enfin. Tout cela pouvait êtré sans les parents ; mais on trouva plus commode, ce qui est vrai, et plus utile, ce qui est douteux, de le faire par leur moyen. Toutes les fois qu'on n'a pas besoin d'avoir de certains hommes, mais seulement d'avoir des hommes, on dit aux sujets : Donnez-nous-en ; préparez-les comme vous voudrez : quand vous aurez fini, nous les prendrons comme ils seront, et vous serez parfaitement remplacés.

On prétendra que nos institutions firent assez
en nous accordant les plaisirs légitimes du Mariage. Mais ces plaisirs ne suffiraient pas encore, si même ils donnaient moins rarement le
bonheur. C'est trop réduire la vie du cœur, que
de n'accorder, dans l'existence entière d'un
homme, qu'une seule progression des sentiments
de l'amour et de l'énergie des espérances.

Cependant si les mariages devaient être généralement heureux, cette union serait justifiée
sous d'autres rapports ; lorsqu'elle est parfaite,
c'est le plus grand moyen de félicité ; celui qui
en jouit, ne doit rien regretter. Les plaisirs de
la confiance et de l'intimité sont grands entre
des amis ; mais animés et multipliés par tous
ces détails qu'occasionne le sentiment de la
différence des sexes, ces plaisirs délicats n'ont
plus de bornes. Est-il une habitude domestique
plus délicieuse que d'être bon et juste aux yeux
d'une femme aimée ; de faire tout pour elle, et
de n'en rien exiger si ce n'est pour l'ordre ; d'en
attendre tout ce qui est naturel et honnête, et
de n'en rien prétendre d'exclusif ; de la rendre
estimable et de la laisser à elle-même ; de la
soutenir, de la conseiller, de la protéger, sans la
gouverner, sans l'assujettir ; d'en faire une amie

qui ne cache rien et qui n'ait rien à cacher, sans lui interdire des choses indifférentes alors, mais que d'autres tairaient ou devraient s'interdire ; de la rendre la plus parfaite, mais la plus libre qu'il se puisse ; d'avoir sur elle tous les droits, afin de lui rendre toute la liberté qu'une âme droite puisse accepter ; et de faire ainsi, du moins dans l'obscurité de la vie, la félicité d'un être humain digne de recevoir le bonheur sans le corrompre, et la liberté de l'esprit sans en être corrompu ?

On convient qu'une aussi douce destinée n'est pas universelle ; toutefois, dit-on, ce ne sont point des exceptions malheureuses qui condamnent un établissement. Mais ici c'est dans le succès que se trouvent les exceptions ; à la vérité, elles sont peu nombreuses, tant le calcul est sage. Quand on dit que le mariage est sublime, on suppose que le but est manqué aussi rarement qu'il est en effet rarement atteint.

J'avouerai qu'en supposant les choix les plus réfléchis, sur cent unions indissolubles, on doit en espérer une heureuse. C'est prouver, trop peut-être, combien je suis loin de me joindre aux nombreux détracteurs du Mariage. Un calcul assez simple établirait que non seulement

les faits sont tels, mais qu'ils ne sauraient être
autrement. Cependant bornons-nous à observer
que s'il est un arrangement sage, admirable,
c'est celui qui suppose que tous les hommes, les
plus bornés avec les plus ingénieux, les fous
avec les justes, raisonnables ou non, nobles ou
vils, ineptes ou désabusés, que tous seront ac-
complis dès qu'on les aura mis deux à deux, et
qu'ils resteront toujours en bonne intelligence
au milieu de tant de détails, occasions perpé-
tuelles de mécontentement, au milieu de toutes
les difficultés de la vie.

Si le magistrat pouvait connaître et unir avec
choix tous les membres de la nation, sans doute
on aurait des unions très belles, mais seulement
quelques-unes. Que doit-ce être quand les oppositions et les bizarreries de tant de convenances
extérieures décident qui nous prendrons dans le
nombre extrêmement restreint que le hasard
nous fait rencontrer ?

L'un des deux manque à la foi si vainement
jurée : que doit faire celui qui n'y voulait point
manquer ? J'ignore comment l'on a résolu cette
question, et si jamais on l'a résolue.

Un homme ne manque pas à ses promesses,
mais il a d'autres habitudes funestes ou crapu-

leuses ; il détruit par le jeu tout ce qu'un ordre
soutenu et difficile cherche en vain à rétablir
sans cesse. On se prive de tout, on travaille
dix-huit heures par jour, on nourrit, on soigne
des enfants ; et le mari va perdre dans un ca-
baret et le temps d'un travail qui procurerait de
l'aisance, et l'argent même que sa femme gagne.
Que doit faire cette femme ? Elle doit souffrir
ainsi pendant cinquante ans, afin d'obtenir le
bonheur de célébrer de nouveau cet heureux
mariage au bout du demi-siècle.

Il n'est pas bon que les femmes n'aient pas
de bien et se marient par cette raison ; car alors
quand un mari est trahi, ou seulement lassé,
ruiné, obsédé pour toujours, il trouve trop désa-
vantageux d'avoir acheté si cher quelques nuits,
par lesquelles une femme prétend avoir acquis
le droit de le fatiguer toute la vie.

Il n'est pas bon qu'une femme de la classe
instruite n'ait que l'éducation d'une ménagère,
on s'en lasse bientôt. On ne trouve aucune douceur intérieure avec un être machine. On quitte
sa maison, on cherche à se distraire au dehors ;
tout éloigne et sépare, le désordre vient de cet
éloignement, et si l'union paraît subsister, ce
n'est plus du moins une union réelle. La sottise

entretient mal l'estime ; et il serait bon d'être estimée pour être longtemps aimée.

Dans les premières classes de la société, une certaine aisance est plus nécessaire à la paix, à l'union, qu'on ne le pense communément. Presque toutes les oppositions des hommes viennent des contrariétés des choses. On peut être malheureux par les suites d'un choix fort sage. Le plus grand bonheur du mariage dépend de tant de convenances, dit J.-J. (*Emile*, liv. V), que c'est une folie de les vouloir toutes rassembler.

Mais J.-J., dans le même endroit, ne met pas assez d'importance à celles de la fortune. Sans doute la richesse n'est pas un bien essentiel à l'homme, il s'en faut de beaucoup même qu'elle soit toujours un bien ; mais quelque aisance dans la vie est nécessaire pour tout concilier. Ordinairement on ne se *tient* pas *lieu de tout l'un à l'autre* dans les contraintes de la misère ; cela n'arrive guère que dans la pauvreté où l'on est né. On n'est pas heureux quand le *ciel a tout ôté* ; on ne le *remercie* de cela que dans un roman. Il vaudrait mieux le remercier quand on emploie avec justesse cet argent qui est le moyen de tant de biens, l'instrument de tant de vertus. Comment le remercier d'en être privé ? Remer-

ciez-le plutôt d'avoir une jambe de bois, d'être
aveugle, ou d'être eunuque. Tout sera occasion
de mal pour l'homme sot ou passionné, mais
l'argent est fécond dans des mains sages. On
doit se consoler d'être réduit à la pauvreté ;
mais ceux qui en remercieraient le ciel, au lieu
de montrer par là beaucoup de fermeté, feraient
croire que le malheur aliéna leur esprit.

Je respecte beaucoup l'autorité de J.-J., mais,
parmi tant de choses utiles, ou sages, ou profondes qu'il a dites avec beaucoup d'éloquence,
il y en a sur la pauvreté, et sur le terme vague
Mœurs, dont je n'ai jamais pu reconnaître la
justesse.

Aristote dit que la félicité consiste dans l'action la plus parfaite de notre entendement, et la
pratique des vertus. Mais il ajoute que pour
être tout à fait heureux, il faut un bien suffisant
et analogue à l'état où l'on vit ; puisque, sans
cela, l'on ne peut s'occuper librement de l'étude
des choses, ni pratiquer les vertus.

Sur ce qu'un de ses amis (d'un mari) lui de-
mandait un jour pourquoi il était si longtemps à
se rincer la bouche, si curieux dans le choix de
son linge, il lui répondit : « Parce qu'il y a une
femme de mérite qui est obligée de m'accorder

son amitié, et que je suis bien aise que son in-
clination marche de concert avec son devoir. »

« Si un homme voulait se donner la peine de
réfléchir un peu, il ne serait jamais assez déraisonnable pour attendre que la débauche et l'innocence puissent vivre de bonne amitié entre
elles, ou se flatter que la chair et le sang soient
capables d'une fidélité si rigide, qu'une belle
femme puisse travailler à se perfectionner jusqu'à ce qu'elle ait atteint à la nature des anges,
dans la seule vue d'être fidèle à une bête brute
et à un satyre. » (*Spectateur, Disc.* 119e.)

« Un état qui vous assujettit (c'est un ora-
teur sacré qui parle) sans savoir presque à qui
vous vous donnez, et qui vous ôte toute liberté
de changer, n'est-ce pas en quelque sorte
l'état d'un esclave ? Or, le Mariage fait tout
cela.

» Si la personne vous agrée et qu'elle soit selon
votre cœur, c'est un bien pour vous ; mais si ce
mari ne plaît pas à cette femme, si cette femme
ne revient pas à ce mari, ils n'en sont pas moins
liés ensemble : et quel supplice qu'une semblable union !

» De tous les états de la vie, dit saint Jérôme,
le mariage est celui qui devrait plus être de

notre choix, et c'est celui qui l'est le moins.
Vous vous engagez, et vous ne savez à qui ; car
vous ne connaissez jamais l'esprit, le naturel,
les qualités du sujet avec lequel vous faites une
alliance si étroite, qu'après parole donnée, et
lorsqu'il n'est plus temps de la reprendre.

«Quoi que vous fassiez, et de quelque diligence
que vous usiez, il en faut courir le hasard.

» Concevez donc bien ce que c'est qu'un tel
engagement, ou qu'une telle servitude pour
toute la vie et sans retour.

» Engagement qui parut aux apôtres même de
telle conséquence, que pour cela seul ils con-
clurent qu'il était donc bien plus à propos de
demeurer dans le célibat. *Si ità est causas homi-
nis cum uxore, non expedit nubere.* Math. 19.
Et que leur répondit là-dessus le fils de Dieu ?
Il l'approuva, il le confirma, il le félicita d'avoir
compris ce que tant d'autres ne comprenaient
pas. *Non omnes capiunt verbum istud.*

» De tant de mariages qui se contractent tous
les jours, combien en voit-on où se trouve la
sympathie des cœurs ? Et s'il y a de l'antipathie,
est-il un plus cruel martyre ?

» Ce sont là, dites-vous, des extrémités ; il est
vrai ; mais extrémités, tant qu'il vous plaira,

rien n'est plus commun dans l'état du mariage. »
(*Bourdaloue, sur l'état du mariage*).

Que de misères dans un mauvais choix ! et il y a plus : quand on en ferait un bon, cent choses imprévues changent l'amitié en opposition, les désirs même en dégoût. Ce n'est pas le vice seul qui fait le malheur d'un ménage ; les unions les plus tristes sont trop souvent celles de gens de bien. Avec de la bonté, des mœurs, des vertus, et même avec de l'esprit réuni à cela, on peut vivre très mal ensemble. C'est souvent parce qu'on veut le bien, parce qu'on le veut d'une manière mal raisonnée, ou seulement parce qu'en le voulant tous deux absolument, on ne le veut pas de la même manière. Que faire alors ? On sait comment repousser les effets d'un vice odieux ; mais quel terme espérer à un mal dont la cause est respectable en quelque sorte, quels moyens employer contre les dégoûts dont on nous obsède avec amitié, avec le sang-froid de la bêtise, avec la douceur des intentions droites, avec la constance irrémédiable d'une sorte de nécessité ?

Projet souverainement bizarre, et dont la conception comme l'exécution n'ont jamais été pos-

sibles qu'à la théocratie despotique, imagination
absurde d'*appareiller* tous les hommes à peu près
au hasard, et de sacrifier leur vie entière à cette
seule fantaisie, tandis qu'assez d'autres bizarreries du sort les menacent sans cesse. Ce ne serait qu'une injustice si nos institutions faisaient
les hommes moins dissemblables ; c'est un délire
quand les uns, toute intelligence, semblent
n'avoir reçu un corps que pour porter leur âme,
et que les autres, toute matière, n'ont une âme
que pour remuer leur corps.

Le penchant mutuel ne doit pas être le premier lien, puisqu'il dure rarement. Ce n'est point
ce penchant qui fait le repos de la vie ; il ne fait
souvent que l'illusion ou tout au plus le plaisir
des premiers mois.

Les convenances qui font que l'on se plaît
mutuellement quand on se voit, même très particulièrement, mais comme étrangers, ne sont
pas celles qui concilient dans un véritable accord
les détails de la vie. Ce qu'il faut, c'est la confor-
mité dans la manière de sentir ; non pas précisément le même caractère, mais la même
manière de concevoir l'Ordre, et de sentir les
rapports secrets et éloignés des choses. Voilà ce
qui importe avant tout, ce à quoi l'on ne pense

jamais, ce dont nul ne parle. On a beau vouloir
l'harmonie, si tous ne voient pas l'Ordre de la
même manière, il n'y aura jamais de concert ;
et plus on aura les intentions bonnes, plus l'opposition sera répétée, plus l'humeur sera excitée,
plus la vie sera triste.

Ce choix réfléchi que je voulais bien admettre,
je ne puis l'accorder en général, puisqu'on veut
les marier tous. Je sais que ceux-là vivront bien
ensemble, qui auront tous deux une humeur
équitable et douce ; mais que veut-on faire du
très grand nombre qui n'apprendra même pas
qu'une telle humeur puisse exister et se soutenir,
et parmi lesquels on trouvera quelques bons
cœurs, et pas une tête juste ? La bonté du cœur
nous suffit, diront-ils ; et cela ne me surprendra
pas. Ils sont dignes d'approuver le mariage indissoluble, ceux qui connaissent si bien les
hommes.

J'ai toujours respecté la bêtise ; je la regarde
comme un malheur, et de tous les malheurs je
veux bien que ce soit le plus sacré ; mais je n'en
connais aucun d'inviolable, quand il devient
funeste au genre humain.

Je suis obligé de présenter quelques observations à ceux qui mettent les bons cœurs au-des-

sus de tout, et aux yeux de qui il suffit d'avoir
un bon cœur pour être justifié.

Une belle âme est portée aux affections droites,
à la pratique du bien ; une bonne tête veut ce
qu'une belle âme inspire. Mais par un *bon cœur*
on entend un homme qui n'est pas méchant, à
qui cela suffit, et qui, parce qu'il n'est pas pervers, prétend pouvoir céder toujours à l'impulsion du moment. Il n'est conduit ni par son jugement, ni par la justice, mais par ses affections ;
et sans se soucier s'il aime avec choix, s'il s'intéresse avec raison, il fait à tort à travers tout
ce qui paraît avoir quelque rapport à la bonté.
Tout ce qu'il sait éviter, c'est de faire positivement et directement du mal ; et il croira bien
faire lors même que ce qu'il fera produira nécessairement un mal beaucoup plus grand que le
bien dont la considération l'avait séduit, ou plutôt dont son instinct lui avait donné la fantaisie.

Je prétends que les bons cœurs sont le fléau
de la société. L'on a des armes contre les méchants, on finit par se défier des traîtres, un
hypocrite est facilement démasqué ; mais quel
moyen nous reste-t-il, quelle ressource contre
cet homme borné et faible dont la foule dit : c'est
un bon cœur ? Sa bonté nuit sans cesse, ses bé-

vues troublent tout ; mais on ne saurait l'en
punir, ce n'est pas par malice ; on ne saurait le
réformer, le conduire, ce n'est pas même par
incapacité. Son excellent cœur lui dit qu'il est
raisonnable en n'écoutant jamais la raison, et
qu'en faisant mal, il sera justifié, s'il peut dire :
je l'ai fait pour un bien.

Une femme qui a un bon cœur est moins nuisible dans la société qu'un homme de ce tempérament ; mais il y a plus de danger pour elle-
même, et peut-être plus pour la famille. L'influence d'une femme est souvent bornée à l'inté-
rieur ; mais si ses fautes sont moins étendues,
elles sont moins compensées, et il semble que
les conséquences en soient plus irrémédiables.
Il faudrait vingt fautes pour perdre un homme,
une ou deux perdent une femme ; vingt défauts
rendent un bon homme insupportable dans sa
maison, un seul travers dans une femme dérange
tout l'ordre domestique.

Ces bons cœurs aiment un de leurs enfants, et
laissent opprimer les autres ; s'attachent à une
commère, et oublient leur famille ; cautionnent
un ami de table, et ruinent leurs créanciers ; leurs
laquais les volent, et ils négligent un parent
malheureux qui ne les obsède pas ; ils laissent

fouler les peuples et enrichissent des favoris ;
ils épargnent le sang d'un factieux, et bouleversent les États.

Les bons cœurs sont souvent plus dangereux
que des scélérats : les lois ne les atteignent pas,
la prudence ne peut guère nous garantir d'eux,
leur travers n'est pas odieux aux hommes de
bien ; dans le repos de conscience que leur
donnent leurs intentions, ils ne se corrigeront
pas, et ils séduiront de jeunes inconsidérés.

Chez un peuple éclairé, ces gens-là doivent
être plus dangereux que les criminels et les
vicieux. Chez un peuple bien éclairé, il ne s'en
trouverait pas ; on y serait forcé de se conduire
par la raison, puisqu'il est dans la nature des
choses que la raison conduise. Le cœur avertit,
la tête décide ; et la tête décide bien quand
l'âme est belle : car tous les songes qui nous
préoccupent longtemps, font du cours presque entier de nos années une suite d'erreurs ; et
le mal d'être tant de fois détrompé trop tard,
est plus grand que l'avantage d'être par hasard
abusé d'une manière heureuse.

Quand des liens inévitablement suspects forment le seul moyen de bonheur domestique qui
nous soient permis, quand on le rend indisso-

luble, c'est dire assez haut que l'on se joue de
la destinée individuelle, qu'on la compte pour
rien, et qu'on ne voit dans les hommes que des
unités numériques que l'on multipliera pour les
travaux et les contributions.

Les Peuples alors font une réponse muette et
désastreuse : ils renversent ces institutions
iniques par le sourire du dédain ; ils affectent
de les suivre, et savent leur échapper : bientôt
tout devient illégal et arbitraire, caché, perfide,
ironique. Les Mœurs sont perdues. Que vous
importe : vous aurez beaucoup d'Extraits-Bap-
tistaires.

Je ne considère plus les victimes que fait le
Mariage indissoluble, mais seulement le but que
l'on se proposa, quand on s'avisa de l'instituer.
Je dis que ce but ne sera généralement atteint
que dans les siècles grossiers. Plus tard les célibataires se multiplieront ; vous verrez le mariage avili, parce que vous n'aurez pas établi
un divorce prudemment contenu, mais légitime.

Chez les Musulmans, le Divorce est aussi
facile que le Mariage, et il dépend de la simple
volonté des parties constatée en présence d'un

Juge civil ou religieux, du Cadi ou de l'Iman. Il y a des entraves pour la Répudiation : des dé-dommagements sont accordés.

Dans les contrées où les femmes sont dans une grande dépendance, ces dispositions me paraissent excellentes.

Chez les Romains, le Divorce était admis pour cause d'Adultère. On répudia aussi pour cause de stérilité.

Pour la loi des Catholiques, c'est tout autre chose. Cependant, sous les Césars, le Divorce fut en usage. Plusieurs Rois de France ont répudié leurs femmes.

Le Divorce était facilement permis chez le Peuple Choisi, dont l'autorité doit être grande pour des Chrétiens. Mais les formalités exigées donnaient le temps de la réflexion, ce qui est nécessaire. On y répudiait pour adultère. D'ailleurs, la pluralité des femmes y était permise, et si le temps semble l'avoir abolie dans des climats plus froids, et à cause du séjour chez des peuples de mœurs différentes, du moins on y peut prendre une seconde femme lorsque la première est stérile.

Milton établit, dans son traité du Divorce, qui fit une grande sensation en Angleterre, que le

mariage fut institué pour le plaisir et la consolation de l'homme, et que, d'après l'Écriture
même, la génération ne fut point le seul, ni
même le principal, objet qu'on s'y proposa. Il
prétend que l'incompatibilité des caractères est
une cause de divorce plus forte que l'adultère
même, pourvu que les deux parties soient d'accord sur la difficulté de vivre ensemble. Dans
cet engagement, comme dans tout autre, les
contractants sont libres de rompre dès que c'est
leur vœu mutuel. Puisque l'on ne peut vivre
avant le mariage de manière à savoir si les
caractères sont analogues, il est absurde, selon
Milton, que l'on ne puisse se séparer quand on
a éprouvé l'impossibilité de les concilier. Le mariage, ajoute-t-il, n'est un remède contre la for-
nication et l'adultère, que lorsqu'il règne une
affection réciproque entre les époux. Quand ce
lien est à charge, quand ce n'est plus qu'un
joug, l'on sait trop qu'il n'en résulte qu'un effet
contraire.

L'imagination d'une femme qui cherche dans
l'inconnu quelque espoir opposé aux contraintes
habituelles de sa vie, doit se peindre le moment
du mariage comme l'époque d'une nouvelle

existence et l'instant extrême de la félicité. Son
éducation, son intérêt, les conseils directs ou
maladroits de ceux qui la gouvernent, avaient
mis ce but dans sa tête, avant que l'attente des
voluptés, avant que le besoin d'être admirée et
le désir d'être aimée en eussent fait le triomphe
unique et comme l'objet de la vie même. Tout
en est mystérieux, vague, interdit ; toutes les
facultés d'inventer s'y portent nécessairement
et c'est là que se dirigent tous les songes secrets.

Mais quand on a éprouvé que cette chose si
grande est une chose comme une autre ; quand
on a vu que cette situation extraordinaire nous
laisse bientôt où nous étions auparavant, et
que les jours qui suivent ce grand jour sont semblables aux jours passés, qu'ils sont remplis
d'indifférence, de regrets, d'ennui, qu'ils sont
chargés de misère et dérangés par des solici-
tudes qu'on n'avait pas entrevues dans la viva-
cité de ces beaux songes ; alors tout s'évanouit,
on n'imagine plus, on n'espère plus ; la vie n'a
plus rien à donner, et l'âme vide de bonheur
achève son travail sur la terre, sans y chercher
ni aliment ni joie.

Pourquoi voit-on les femmes chercher cette

chaîne souvent si pesante pour elles, avec un empressement étranger aux raisons d'intérêt et au juste désir d'assurer leur sort? Elles y sont portées, dit-on, par le besoin de jouissances honnêtes ; pour moi, je pense que le besoin d'un maître les entraîne plus souvent encore que le besoin d'un mari. Cela paraîtra moins paradoxal quand je me serai expliqué.

Presque toutes les manières de vivre que nous supposerions, toutes celles que nous pouvons supporter, trouvent dans l'étendue de nos facultés et l'aptitude de nos organes, des rapports en quelque sorte tout préparés. Toutes les situations peuvent nous convenir, au moins momentanément ; elles sont même douces par quelque endroit, uniquement parce qu'elles sont possibles, parce que nous aimons à nous exercer dans tous les sens, parce que nous sommes avides d'incidents nouveaux. De tous les mouvements corporels, il n'en est aucun que l'on ne fasse volontiers dans l'âge des essais ; il n'est aucune situation des membres que quelquefois on ne cherche ou l'on ne préfère même, dans les jeux de l'âge actif. Sans doute la liberté est un besoin de l'individu, sans cela il n'aurait point d'existence propre ; mais la dépendance lui convient aussi, sans elle il serait étranger dans le monde. Ces deux besoins se balancent en proportion très différente selon les caractères, les habitudes, les âges, et plus encore les sexes. Or, comme l'âme n'est jamais plus calme que quand elle sait se soumettre aux choses par un sage consentement, elle trouve aussi du repos dans la dépendance portée plus loin, dans un certain assujettissement aux volontés humaines. La femme particulièrement a le goût naturel de ce repos, de cet abandon apparent de son être, de cette portion d'oubli, d'un joug enfin qu'elle ait choisi, pour y réunir la mollesse de l'insouciance aux ressources d'une autorité secrète et toute industrieuse. Ce joug volontaire la délivre de la responsabilité extérieure ; elle dépend de l'homme pour régner sur les choses ; elle s'ouvre par là une sphère d'activité, où elle pourra exercer, à l'abri des orages, un pouvoir indirect bien plus séduisant pour elle, et s'attribuer la puissance des détails, dédommagement analogue à ses forces et tout à fait conforme à ses goûts.

Il n'est pas surprenant qu'une femme irréfléchie trouve dans un homme qui lui *fait la cour*, plus d'amabilité que dans son mari, lors même

que cet homme en a généralement moins. Outre
ce qu'il y a de plus séduisant dans une nouvelle
progression de sentiments, le mari ne peut plus
être aimable à la manière d'un étranger ; il se
trouve dans un autre rapport avec sa femme, et
c'est selon ce rapport-là qu'il doit se conduire.
De plus, le soin d'être aimable ne peut l'occuper
beaucoup ; il a bien d'autres sollicitudes.

Toutes les harmonies humaines s'établissent
entre l'étranger et la femme à qui il veut plaire.
Toutes les discordances embarrassent les époux,
et ils sont bien plus unis pour les misères de la
vie, qu'ils ne le sont pour ces prestiges dont
l'amour se nourrit. Les femmes seraient moins
promptes à se laisser ainsi abuser par des apparences agréables, si elles faisaient attention que
les amants sont des heureux qui se cherchent,
tandis que les époux sont des infortunés qui se
soutiennent.

Une femme se prévient contre son mari : elle
ne le trouve l'égal des autres, que lorsqu'il leur
est supérieur. Il faudrait faire tout le contraire,
non seulement pour l'union, mais même pour la
vérité des choses ; si le mari se montre aussi
bien que l'étranger, c'est la preuve qu'il est
beaucoup mieux. Il a contre lui toutes les diffi-

cultés : il faut qu'il soit chef, père, époux, ami,
qu'il concilie tous les intérèts, qu'il soumette
le présent à l'avenir, qu'il plaise en blâmant,
qu'il attire à lui tous les penchants en les gè-
nant presque tous, qu'il soit affectueux dans les
dégoûts, et d'une humeur heureuse au milieu
des inquiétudes.

Ce n'est point qu'il n'y ait aussi des harmonies dans cette union ; mais elles sont fondées
sur les affections raisonnées. Ce n'est point le
plaisir qu'il faut se promettre ; cette vue est
fausse : le mariage trompe ceux qui n'y ont cherché que la communication des jouissances ; c'est
bien plutôt une association contre les douleurs.
Le seul bien effectif qu'il donne, c'est la communauté des habitudes ; il convient à ceux dont
le contentement est de retrouver ce qu'ils ont
déjà connu, dont le bonheur est dans la répétition des travaux comme des plaisirs, et qui restent toujours indifférents à ce qu'ils n'ont pas
cherché d'abord. Pour choisir le caractère auquel vous voulez assujettir vos jours, voyez surtout s'il préférera les choses accoutumées aux
choses nouvelles.

Se marier plusieurs fois, ce n'est point payer

17

un tribut à la faiblesse humaine, mais suivre la
loi des choses. Nous n'avons qu'une vie, pourquoi cherchez-vous cent moyens de la faire
perdre ou de la sacrifier? Notre vie est courte,
et les austérités de votre morale sont toujours
proportionnées à une vie de mille ans. Nous
sommes mortels, et vous voulez que notre cœur
soutienne les forces d'un cœur humain qui n'aurait pas à mourir !

Ordinairement un homme qui a des enfants
et qui se remarie, passe pour n'être point parfaitement bon père. Il faudrait distinguer pourtant. L'assassin est odieux ; mais celui qui tue
un brigand sous lequel son ami succombait, n'est
point un scélérat bien qu'il soit un meurtrier :
celui qui tue l'ennemi dangereux de sa patrie,
est un héros. Puisqu'il n'est point de maxime
générale qu'on puisse expliquer universellement,
distinguons les circonstances. Un homme qui a
de quoi vivre et élever ses enfants, se remarie ;
il en a d'autres qui partageront avec les premiers :
ce n'est pas un coupable, mais c'est un homme
trop occupé de lui-même pour être un très bon
père. Mais au contraire il n'a point de re-
venus, il n'a point d'état ; il se trouve posséder
quelques-uns de ces avantages que certaines

femmes savent estimer autant que la fortune ; il
contracte un second mariage qui ajoute soit au
bien-être futur de ses enfants, soit aux moyens
actuels de leur éducation ; il ne les négligera
point ; il ne s'en occupera pas moins, il ne les
aimera pas moins, il a même stipulé positivement ce qui pouvait, sous divers rapports, favo-
riser leurs intérêts. Ses enfants même ne sauraient l'en blâmer : son mariage leur est utile ;
et il n'en eût pas fait un qui eût pu leur être
onéreux.

V

DES LIENS ENTRE LES PARENTS ET LES ENFANTS

Sans doute les enfants peuvent former un lien puissant, et maintenir l'union entre ceux qui sont frappés de l'avantage de se les devoir réciproquement. Mais lorsqu'on raisonne tout, lorsqu'on examine si vraiment on doit attendre beaucoup de ses enfants, cette illusion s'affaiblit comme tant d'autres. Notre manière de vivre demande qu'on se marie tard ; et cependant c'est en grande partie parce qu'on ne se marie pas assez tôt que les enfants ne sont presque jamais les amis de leurs pères. La différence d'âge est trop grande.

Vous vous mariez quand le temps de l'espoir commence à passer, et ce que vous ne prétendez plus recevoir d'ailleurs, vous vous le promettez de vos enfants. Mais donnez gratuitement vos

soins, et n'attendez rien. C'est entre vous seuls
qu'il faut établir le lien intime, si vous êtes du
petit nombre à qui il est permis d'espérer qu'il
subsiste. Soutenez-vous mutuellement ; cherchez-vous l'un l'autre, car c'est vous qui êtes
vraiment ensemble. Pour vos enfants, ils cher-
cheront d'autres appuis, ils se dévoueront à des
amis imaginaires ; et ce ne sera que lorsque vous
ne serez plus qu'ils connaîtront quels étaient
leurs vrais amis.

Ordinairement l'amour paternel est un sentiment, un besoin ; ordinairement l'amour filial
n'est plus guère qu'un devoir, une vertu. Les
raisons en sont sensibles. Ce n'est point un vice
du cœur de l'homme, ce n'est point une faute de
la nature, c'est une suite de l'état présent des
choses.

Le fils a tout reçu, et n'a plus qu'à rendre ; le
père, ayant tout donné, n'a plus qu'à recevoir.

Quand on commence la vie, on ne peut se
chercher dans celui dont la vie passe ; quand
on se voit prêt à finir, on se retrouve dans celui
dont la vie continuera.

Le père est une puissance qui paraît diminuer
la liberté. Le fils est un agent qui peut ajouter
au pouvoir.

Un père aperçoit ce qu'il peut y avoir à faire pour son fils, c'est un but pour les projets, un aliment pour l'imagination, un prétexte pour les vues ambitieuses. Un fils ne voit point qu'il n'ait rien à faire pour son père ; et quand il pourrait le découvrir, il lui manquerait d'y penser.

Il était nécessaire que les parents aimassent leurs enfants ; il n'était pas indispensable que les enfants aimassent leurs parents.

Les pères supposent qu'ils seront imités par leurs enfants ; les enfants ne sauraient espérer d'être imités par leurs pères. Toutes les vues de l'homme actuel se portent vers l'avenir : or, les pères ne sont point dans l'avenir pour les enfants ; et dans l'avenir, les enfants sont tout pour les pères.

Les beautés, les facultés physiques et morales croissent dans l'enfant ; il est naturel de s'intéresser à ce qui s'embellit. Elles diminuent dans le père ; il n'est pas naturel de s'attacher à ce qui décline.

Peut-être les enfants honoreront les pères : on aime à suivre une conduite qu'on espère diriger et dont on peut attendre ce grand avantage. Mais ce que peuvent les pères pour honorer les enfants donne peu d'inquiétude à ceux-ci : ordinairement ce qui est à faire en cela se trouve décidé avant qu'ils soient d'âge à y songer.

Ce que seront les enfants est inconnu : dès lors on s'y attache curieusement. Ce que les parents doivent être, déjà ils le sont : il n'y a pas là d'incertitude ; et il faut de l'incertitude pour animer les passions.

Les enfants coûtent et ont coûté des peines, des soins, de l'argent : grande raison d'attachement. Ces causes d'affection manquent chez les enfants ; et même les pères leur occasionneront peut-être un jour ces sollicitudes : raison de ne pas les aimer.

Tout paraît volontaire de la part des pères : ils ont le plaisir de se croire généreux : ils aiment naturellement. Tout est devoir de la part des enfants : ils aiment quand ils se plaisent à bien faire. Heureusement on aime aussi ceux avec qui l'on a des habitudes.

Vous verrez encore que le père a rarement à gagner, et que dès lors il a tout à perdre à la mort de ses enfants ; mais souvent les enfants ne possèdent rien jusqu'à la mort de leurs pères.

Que l'on ne s'imagine pas trouver dans cet article que les enfants ne doivent pas de reconnaissance à leurs parents, qu'il est très permis à un

fils de n'avoir aucune affection pour son père ;
qu'ainsi le livre est immoral. C'est l'effet d'un
discernement trop rare pour que l'on ait à
craindre un pareil jugement dans le public.

Les grands hommes, dit Boulanger, ont bien
pressenti en quelque sorte les erreurs humaines ;
mais ils les ont seulement ou méprisées ou plai-
santées ; ils eussent été bien plus utiles s'ils
eussent prouvé en détail leur origine, leur filia-
tion.

L'Inceste est contre la Nature, a-t-on dit. Cela
n'est pas : les enfants formés d'une union inces-
tueuse naissent et vivent comme les autres.

L'Inceste est en horreur à qui n'est point dépravé. Cela n'est pas. Lacédémone, Athènes,
Cusco, Alexandrie, les Perses, les Parthes, les
Égyptiens, les Assyriens, d'autres peuples encore, n'étaient pas moins sages que les Juifs,
n'étaient pas plus dépravés que les fils des An-
gles, des Bourguignons, des Lombards ; Chry-
sippe, Aristote et beaucoup d'autres, n'étaient
pas plus insensés que nos Casuistes ; et la législation des Parsis n'était pas plus barbare que les
lois canoniques. Cette union, actuellement
odieuse à la nature, était l'union sacrée chez ces

Parsis, que les Musulmans, dans la licence de leurs Harems, ont appelé *Guébrs.* Guébr veut dire étranger à la loi sainte ou Islamim ; donc Guébr chez les croyants, c'est apostat, sodomiste, infâme : partout un infidèle est un infâme.

On prétend que le croisement des races est nécessaire à la beauté de l'espèce. Il faut bien que cela ne soit pas vrai parmi les hommes. Les Parses n'étaient pas inférieurs aux autres peuples. Même dans les bêtes, si la règle est vraie, elle n'est point universelle : nous ne voyons pas les chevreuils dégénérer. Les relations parlent maintenant de la beauté très remarquable des hommes du Saterland (petit pays de l'Évêché de Munster), qui ne se marient jamais qu'entre eux. Ce fait, moins certain et bien moins général que la loi du Sabeïsme, ne doit pas être donné pour une preuve absolue ; comme il ne faut pas non plus attribuer la beauté de cette population au peu de croisement des races dans un canton aussi resserré ; mais on peut en inférer seulement que cela ne paraît pas nuire à la perfection physique.

Le mot même d'Inceste annonce la fausseté des idées ; l'acception actuelle n'est pas d'accord avec l'étymologie.

Voulez-vous des absurdités plus particulières

et toutes modernes ? Vous lirez dans *Observations
du Trib. d'A. séant à P.* sur le *Projet du Code
Criminel* : « On trouve dans le Projet, des peines
contre l'Adultère et contre le Rapt, et l'on n'y fait
aucune mention de l'Inceste, ce crime *bien plus
grave.* » Ainsi, l'Adultère qui viole les droits les
plus inviolables, le Rapt qui attaque quelquefois
sans retour la liberté individuelle, et désole une
famille, sont des crimes moins graves qu'une
conjonction illicite entre deux individus libres !
Je conçois qu'on exagère les défauts que l'on
veut se faire honneur d'avoir découverts sans un
Projet important, mais cet honneur est pourtant
bien stérile. Quant à ce renversement de toute idée
saine, voilà ce que produit l'espèce de nécessité
où furent autrefois les législateurs de sanctionner
leurs lois par l'intervention d'autorités surnatu-
relles. Le *Projet de Code Criminel* est juste en
cela. Sans doute la législation d'un peuple sorti
enfin de la barbarie Celtique, ne connaît point
dans l'Inceste un délit particulier : il suffit que
le mariage ne l'autorise pas, dès lors c'est une
conjonction illégitime.

A Rome, l'Inceste fut puni. Mais c'était une
simple disposition réglementaire, et c'est ainsi
qu'on doit l'interdire. César, Cicéron, Julien,

Marc-Aurèle, n'auraient jamais inventé cette
horreur que la nature inspire aujourd'hui. Une
loi sous les Empereurs confirma le mariage de
l'oncle et de la nièce, si l'un des deux contractants, ou je crois tous deux, avaient ignoré le
lien du sang. Ce sont des lois d'économie politique ; on a dit au peuple que c'étaient des lois
de la nature, et il y a cru, comme il a cru à
tant d'autres.

Le Coran prohibe les unions incestueuses,
mais dans le même sens. Il vous est défendu,
dit le ch. 4, d'épouser vos mères, vos filles, vos
sœurs ;... mais, si le mal est fait, le Seigneur
est indulgent.

« Le jurisconsulte Lebrun dit que l'inceste
est contre nature, parce que nous devons plus
d'honneur et de respect à notre sang, puisque
l'empereur veut qu'*affinitatis veneratione a qua-
rumdam nuptiis abstineamus.* Je pardonne à un
légiste de croire que Justinien est l'oracle de la
nature ; mais je ne lui pardonne pas d'être mauvais logicien. Quelle preuve de respect, d'estime
plus grande, dirait un Guèbre, peut-on donner à
une sœur, que de s'allier avec elle ? Ce même jurisconsulte donnait encore une autre raison plus
plaisante. Il disait que si l'affection du sang était

jointe avec celle du mariage, elle entraînerait un trop grand excès d'amour répugnant à la vraie chasteté, comme l'a voulu le docteur Thomas... On a dit que si ces mariages étaient permis, il en résulterait que les familles s'isoleraient. On cite les Égyptiens, qui par cette perpétuité d'inceste étaient devenus laids et dégénérés. Je réponds d'abord que pour une famille où il se trouvera un pareil mariage, il y en aura cent autres où l'on admettra des étrangers. Quant à l'autre raison, les Égyptiens sont aussi laids aujourd'hui, et ils ne sont pas incestueux. »

Je suis très éloigné de blâmer des lois qui prohibent plusieurs degrés de parenté. Quoiqu'en divers endroits, par exemple, l'union de la mère et du fils a été admise, elle s'accorde mal avec les indications de la nature ; et ce que Montesquieu en a dit n'est pas contestable. Je n'attaque donc ici que l'exagération fanatique, les raisons fausses dont on autorise les choses, et ces grands mots de la sottise, ces phrases vides de sens qui trompèrent longtemps les hommes, qui dégradèrent le devoir, qui amenèrent les demi-penseurs à s'imaginer enfin que mœurs et préjugés sont inséparables.

Si Alexandre Selkirk eût eu sa sœur à *Juan-Fernandez*, où il se croyait abandonné pour la vie, il eût pu, sans aucun crime, unir ses destinées isolées, et dès lors indépendantes des lois de convention, changer cette solitude, belle mais triste, en un asile vraiment fortuné, préparer des appuis à sa vieillesse, et faire naître deux ou trois hommes pour le bonheur, tout aussi innocemment qu'on en hasarde ici sur la terre agitée. Mais s'il s'y fût trouvé avec la femme d'un autre, j'aurais appelé vertu leur continence ; je l'eusse appelée devoir s'ils eussent conservé quelque espoir de sortir de l'île.

VI

DE QUELQUES USAGES

Dans l'ancienne Égypte, la Castration était le châtiment de l'adultère ; il en fut de même en Espagne. Rome fit eunuques les hommes coupables de bestialité. En Perse, c'est la peine du viol. Cette *émasculation* est la seule raisonnable ; celle qui peuple les harems n'est pas la plus absurde, mais l'une des plus affreuses entre les folies humaines.

On a trouvé jusqu'en France des traces de la Couvade des maris. Cet usage bizarre paraît venir du besoin d'une formalité quelconque qui légitime l'enfant, et par laquelle le mari s'en avoue le père. Il s'est maintenu principalement dans

les pays où les mœurs moins assujetties, où une
liberté légitimée par les institutions et la manière de vivre, laisse plus d'incertitude sur la
paternité qu'il ne paraît y en avoir ici, et que les
lois ne peuvent en reconnaître.

SEPTIÈME PARTIE

DIVERSES CONSIDÉRATIONS ET VUES GÉNÉRALES

I

DE L'IGNORANCE DE LA JEUNESSE EN AMOUR

Ceux en qui l'on a observé les développe-
ments du caractère, sans pouvoir espérer d'eux
la force de régler des désirs relatifs à ce qui leur
serait connu, ne sauraient avoir trop tard les
yeux ouverts sur ce qui concerne l'union des
sexes ; mais il faut s'assurer que ces yeux seront entièrement fermés, et que nul ne s'appro-
chera pour les ouvrir mal et introduire furtive-
ment de ces lumières subites, qui ne faisant
qu'éblouir au lieu d'éclairer, ne servent de guide
que pour conduire au piège. Comment espérer
de prolonger, de maintenir cette ignorance dans
les relations multipliées et l'agitation d'esprit
dont la jeunesse partage déjà parmi nous l'habitude ? Quels résultats obtiendrez-vous ? La curiosité inévitablement éveillée, produira, à votre

insu, une demi-science très dangereuse, qui en
irritant les désirs et en occupant l'imagination,
autant et plus que ne le ferait une connaissance
entière des choses, privera des lumières indispensables pour éviter tant de maux qui se
mêlent à ces biens exagérés par l'illusion. Cette
incertitude va préparer la voie aux séductions
les plus ridicules. C'est par là qu'on peut être
réduit à cet état de stupidité avide, inquiète à la
fois et confiante, qui divinise, dans une jeune
tête, ce qu'on devrait mépriser. Les passions
les plus absurdes, comme les plus funestes, sont
l'effet naturel de cette fausse connaissance qui
excite sans éclairer, et qui pousse le cœur et les
sens à chercher, à saisir dans les ténèbres, sans
prudence, sans choix, et bientôt sans volonté.
Nous rendons la plupart des femmes plus propres
à sentir qu'à penser, du moins nous ajoutons à
cette disposition qui peut leur être assez généralement naturelle, et nous les faisons telles qu'elles
se livrent habituellement aux impressions du
moment sans considérer l'avenir ; dès lors cette
ignorance des choses leur conviendrait, si elle
pouvait durer autant que les parents se le pro-
mettent, et si le cœur, qui devient d'autant plus
puissant que l'esprit est plus aveugle, ne se hâ-

tait point de se former des liens toujours difficiles à rompre.

Voilà les raisons qui rendent au moins dou-
teuse pour moi l'utilité de cette ignorance, même
dans ceux pour qui elle pourrait avoir de grands
avantages. Quant aux caractères contraires, il
n'y a plus de doute : la prudence exige que l'on
instruise entièrement ceux qui ne paraissent
point destinés à suivre en aveugles l'impulsion
du moment, ceux qui auront et l'habitude et la
faculté de raisonner leur conduite et de voir les
résultats qui sont encore à naître. L'ignorance
des choses est presque la seule source des fautes
de celui qui pense et qui veut. Dès lors qu'on a la
force de suivre le vrai, l'on a le droit comme le
besoin de le voir à découvert. Peut-être en sachant tout, on perdra l'ivresse d'un premier
amour. Mais le repos de la vie entière vaut plus
que le charme de quelques heures. Ces sentiments extraordinaires sont délicieux, mais funestes ; c'est un nuage de parfums qui cache
l'abîme où l'on se précipite avec joie, où l'on
reste avec tant d'amertume, et d'où l'on ne sort
qu'avec tant de difficultés.

Bien rarement les femmes doivent regretter
les joies de l'amour du cœur ; elles paient ordi-

nairement si cher cet enchantement passager,
que ce ne serait point leur faire tort que de les
en priver. N'ayons que les vrais biens de la vie ;
ce sera suffisant, si par là nous évitons ceux de
nos maux qu'il paraît en notre pouvoir de prévenir, c'est-à-dire les plus nombreux et les plus
déchirants.

Il ne faut pas prendre un milieu incertain. Si
l'on désespère de maintenir une entière ignorance, et qu'alors on ne laisse pas tout au hasard, on doit n'y rien laisser. En général, pour
que notre conduite soit conséquente, il est bon
que chaque détermination ne résulte que d'un
principe, de la raison ou de l'instinct, de l'esprit
ou du cœur. Si nous voulons être dirigés par tous
deux à la fois, ce sera souvent en sens contraire ; et notre mouvement sera plein d'oscilla-
tions et d'incertitudes. Sans doute il faut concilier la prudence et les désirs ; mais cet accord se
fait lorsqu'on prépare sa conduite, et non lorsqu'on agit. C'est l'ouvrage de la réflexion, il
précède les impulsions de la volonté. Il faut que
le principe général de détermination soit unique ;
que l'on obéisse seulement aux moteurs simples
et irréfléchis que la nature place en nous pour
opérer notre bien présent, ou qu'on y substitue

entièrement le produit calculé des motifs d'action que l'ordre social indique à l'intérêt personnel considéré dans nos avantages durables. Ces derniers motifs sont également conformes à notre nature, et davantage encore, puisqu'ils se dirigent plus constamment vers le but qu'elle montre toujours en perspective, puisqu'ils nous éloignent moins du bonheur.

Peut-être faut-il non seulement qu'on sache tout, mais encore que le désenchantement suive aussitôt. L'imagination à qui l'on permet de remplacer les passions encore inconnues, n'altère pas moins les idées que ces passions mêmes qu'on croit suffisant de prévenir. Il faut dire les choses telles qu'elles sont, et en montrer tous les rapports essentiels, sans aucun ménagement pour nos préjugés, sans aucune réticence sur nos besoins, sans aucune tolérance pour les séductions vicieuses. La vérité utile, c'est un ensemble de vérités, exempt de tout mélange d'erreurs. Pour beaucoup de gens, dit-on, le vrai est un aliment trop fort. S'il en est ainsi, ne leur dites rien du tout, si ce n'est de se garder en général de tout ce qui est inconnu ou mal connu.

Vous tous qui aspirez à former des hommes,

pères dignes de ce nom, mères chargées de vertueuses sollicitudes, moralistes, politiques, mo-
dérateurs en tout genre des destinées humaines ;
si le bien est votre but, conduisez donc les esprits dans les voies droites, et les cœurs dans
les voies faciles. Laissez à l'ineptie des pédants,
ou à la duplicité de tant d'autres instituteurs,
cette prudence affectée qui va cherchant dans
les chemins de l'erreur et parmi les difficultés,
quelques moyens de l'art pour amener secrètement au terme les volontés déjà si promptes à
échapper à leurs guides, et qu'une vue claire des
objets peut à peine affermir. Conduisez par la
vérité toutes les bonnes têtes : il doit en résulter
une sorte d'autorité à laquelle les autres cèdent
plus ou moins, une force de choses, une impulsion qui les entraîne ; alors tout marchera moins
mal qu'aujourd'hui.

II

DE L'ESPÈCE DE GUERRE OU DE RIVALITÉ
ENTRE LES DEUX SEXES

La nature donne au mâle l'instinct de chercher, d'exiger en quelque sorte ce plaisir qui fait
le lien des sexes et qui perpétue l'espèce. Elle
donne à la femelle l'instinct de s'y refuser
d'abord, et de ne pas s'y rendre indistinctement.

A l'appétit direct et grossier de l'amour, le
cœur immense de l'homme ajoute des sentiments comme infinis. Son industrie a changé
l'attaque simple d'un sexe, et la simple résistance de l'autre, en une multitude de moyens
d'attaque et de résistance. L'amour-propre s'y
est joint, et c'était infaillible ; il en a fait une
guerre offensive et défensive, pleine d'adresse,
de subtilités, de dissimulation. On veut à la fois
tromper et être le maître, comme si ce devait

être une même chose. Jadis on passait la vie
entière dans ce bizarre entêtement. Ces passions
si constantes et tant vantées, ces passions de
l'orgueil, bien plus que de l'amour, n'étaient
point des convenances du cœur, mais des caprices d'un siècle où tout prenait une teinte de
fanatisme.

Il résulte plus de maux qu'on ne le croit communément de cette rivalité entre les sexes, de
ce manège, de ces ruses, de cette envie mutuelle
de surprendre et de vaincre. Les hommes s'en
amusent, les femmes en sont victimes. Ainsi le
sentiment du bonheur nous entraîne souvent à
des maux sans terme ; ainsi nos désirs les plus
naturels altèrent notre nature, et ce dont nous
nous abreuvons avec avidité, n'est que de
l'amertume.

On a toute la candeur de la jeunesse ; on a
tous les désirs de l'inexpérience, et les besoins
d'une vie nouvelle, et l'espérance d'un cœur
droit. On a toutes les facultés de l'amour, il faut
aimer ; on a les moyens du plaisir, il faut être
aimé. On se figure un homme pour qui tout
commence ; il est jeune et impatient de vivre ; il
est plein d'espoir et beau d'inexpérience. C'est
une justice de lui consacrer fraîcheur, grâce, lé-

gèreté, noblesse, expression heureuse, tout ce
qu'on sait bien avoir en soi. L'on entre dans la
vie : qu'y faire sans amour ? Pourquoi l'harmonie
de ces mouvements, cette décence voluptueuse,
cette voix habile à tout dire, ce sourire fait pour
entraîner, ce regard si propre à changer le cœur
de l'homme ? Pourquoi cette délicatesse du cœur
et cette sensibilité profonde ? L'âge, le désir, les
convenances, l'âme, les sens, tout le veut ; c'est
une nécessité. Tout exprime et demande
l'amour : cette main formée pour les plus douces
caresses ; cet œil dont les ressources sont inconnues s'il ne dit pas : je consens à être aimée ;
ce sein qui, sans amour, est immobile, muet,
inutile, et qui se flétrirait un jour sans avoir été
divinisé ; ces formes, ces contours qui change-
raient sans avoir été connus, admirés, possédés ;
ces sentiments si tendres, si vastes, si voluptueux et si grands, l'ambition du cœur, l'héroïsme de la passion ! Cette loi délicieuse que la
loi du monde a dictée, il faut la suivre. Ce rôle
enivrant, que l'on sait si bien, que tout rappelle,
que le jour inspire, et que la nuit commande,
quelle femme jeune, sensible, aimante, imagi-
nera de ne le point remplir ? Aussi ne l'imagine-
t-on pas. Les cœurs justes sont les premiers

vaincus. Plus susceptibles d'élévation, comment
ne seraient-ils pas séduits par celle que l'amour
donne ? Ils se nourrissent d'erreur, en croyant
se nourrir d'estime ; ils aiment un amant parce
qu'ils ont aimé la vertu ; ils sont trompés par des
misérables, parce que ne pouvant aimer qu'un
homme de bien, ils croient réellement tel celui
qui se présente pour réaliser leur chimère.
L'énergie de l'âme, le besoin de montrer de la
confiance, celui d'en avoir ; des sacrifices à ré-
compenser, une fidélité à couronner, un espoir à
entretenir, une progression à suivre ; l'agitation,
l'intolérable inquiétude du cœur et des sens ; le
désir si louable de commencer à payer tant
d'amour ; le désir non moins juste de resserrer,
de consacrer, de perpétuer, d'*éterniser* des liens
si chers ; d'autres désirs encore ; certaine crainte,
certaine curiosité ; des hasards qui l'indiquent,
le destin qui le veut ; tout livre une femme aimante dans les bras du Lovelace. Elle aime, il
s'amuse ; elle se donne, il s'amuse ; elle jouit,
il s'amuse ; elle rêve la durée, le bonheur, le
long charme d'un amour mutuel ; elle est dans
les songes célestes ; elle voit cet œil que le plaisir subjugue, elle voudrait donner une félicité
plus grande ; mais le monstre s'amuse, et elle

dévore une volupté terrible. Le lendemain elle est surprise, inquiète, rêveuse : de sombres pressentiments commencent les peines affreuses et une vie d'amertumes. Estime des hommes, tendresse paternelle, douce conscience ; fierté d'une âme pure ; paix, fortune, honneur, espérance, amour : tout a passé. Les belles heures ont péri ; les souvenirs même en seront amers. Il ne s'agit plus de s'avancer dans les illusions, dans l'amour et la vie : il faut repousser les songes, et user de longs jours fatigués des lenteurs de la mort. Quand il prend à quelque étourdi le caprice de s'imaginer qu'il aime ; quand il sollicite, qu'il proteste, qu'il pleure, vous lui croiriez une âme. Attendez une saison nouvelle : ce malheureux va reprocher à celle qui l'aimait, de lui avoir cédé trop tôt. Votre empressement n'était donc qu'une trahison ? Si elle s'avilissait à vos yeux, il fallait la quitter alors ; mais ce n'est pas le défaut d'estime qui a détruit vos plaisirs ; c'est parce que votre plaisir a fini, que vos mépris ont commencé.

Femmes sincères et aimantes, belles de toutes les grâces extérieures et des charmes de l'âme, si faites pour être purement, tendrement, constamment aimées !... n'aimez pas.

III

DES GOÛTS EXTRÈMES QUE L'AGE PEUT DÉTERMINER

Les hommes, dont les affections obéissent aux sensations irréfléchies, aiment souvent les femmes d'un certain âge, lorsqu'ils sont eux-mêmes très jeunes ; et lorsqu'ils deviennent âgés, il leur faut des enfants.

La possession d'une femme d'âge mûr en impose davantage à celui qui n'est encore rien dans le monde. Il y a une sorte d'idolâtrie dans les premières affections ; et ce qui étonne le plus, ce qui excite le plus de surprise, est plus naturellement divinisé. A vingt ans, on est flatté d'avoir pour maîtresse une femme qui joue un rôle. On peut respecter une femme de quarante ans, mais comment vénérer une fille de seize? L'amour-propre sera entraîné par les attentions de l'âge qui a de l'expérience, et qui doit avoir la connaissance du monde et du mérite des hommes.

Ce que pouvait craindre un homme de cinquante ans, c'est qu'on le trouvât suranné ; il lui est agréable de paraître jeune encore à des yeux très jeunes.

Un homme refroidi, ou qui seulement en jouissant souvent, a rencontré des formes fatiguées, voudra des jouissances dans lesquelles il n'ait point à craindre les traces du temps. Comme les émotions ordinaires s'affaiblissent chez lui, son espoir est d'en rencontrer d'un ordre nouveau. Il faut aussi qu'il surprenne les sens : alors on ne le dédaignera pas, ne pouvant le comparer à un autre homme précédemment connu.

IV

DE CE QUI FAIT LE PLAISIR RÉEL

C'est dans les choses indifférentes que l'on prend volontiers le moment comme il vient, mais on voudrait choisir le plus favorable pour celles qui doivent être heureuses. Dans le plaisir, il vaudrait mieux renoncer à tout que d'avoir à combattre des entraves trop certaines ; on découvre tôt ou tard qu'il faudrait, ou jouir en paix, ou se décider à ne jouir pas. Dans des choses fâcheuses, un incident nouveau, un désagrément qui survient, fût-il grand même, contrariera bien moins, parce qu'il maintient notre esprit dans la situation où il se trouvait déjà. Nous souffrons plus particulièrement de ce qui dérange l'ordre établi par notre imagination, adopté par notre espoir, de ce qui est contraire à la nature de la chose dont nous préten-

dions être occupés. Les obstacles qui précèdent
un bien, servent quelquefois à nous le rendre
plus précieux ; mais ce qui vient interrompre
celui qu'on s'était promis, en détruit toutes les
douceurs, et le moindre mélange de mal gâte le
plaisir. Les hommes, dont la manière de sentir
est, pour ainsi dire, sans limites, peuvent rarement éviter le souvenir des afflictions humaines ;
le moindre inconvénient leur en montre aussitôt
les tristes images : dans chaque chose, ils dé-
couvrent beaucoup de choses, comment n'y ver-
raient-ils pas de discordances ?

V

DE LA BEAUTÉ

Le genre de perfection qui peut être connu de tout le monde, celui qui est le plus propre à rendre célèbre la beauté d'une femme, n'est pas ce qui la fait le plus aimer, ce qui cause la passion la plus durable.

Une taille moyenne a des grâces plus attachantes que cette taille élevée, dont les avantages seront seulement plus de noblesse dans la marche et plus d'élégance dans le mouvement des draperies. Mais pour l'intimité, quand on ne marche pas, et que les draperies sont oubliées, une belle peau, de l'expression dans l'œil, de l'amabilité dans le sourire, un bras dont les contours soient arrondis et pleins, quelque grâce de la main, voilà ce qu'il faut aux désirs, quand l'homme a lui-même la grâce du

désir. Assurément c'est une simple fantaisie de
mettre beaucoup d'importance à la perfection
de la jambe ou du pied ; c'est un agrément du
second ordre. Mais on voit toujours le bras ; il
agit, et c'est dans le mouvement du bras que
sont les manières, les talents, et la plus grande
partie des grâces. L'homme mettra beaucoup
plus de prix à une beauté médiocre, mais à
laquelle il ne se mêle rien qui puisse déplaire,
qu'à la plus grande beauté altérée par quelque
défaut sensible.

VI

DES UNIONS IMPARFAITES QUE L'ON NE PEUT PROSCRIRE

L'homme juste est-il tenu de se borner, en amour, à ce qui est positivement autorisé par les lois ?

Une véritable union est trop difficile pour être seule permise à l'homme juste. Des biens si grands ne sont donnés que rarement à ceux qui en seraient dignes. Si la vie était bien ordonnée, la mort serait seule déplorable ; mais c'est dans la vie même que les choses belles échappent à nos désirs, et il faut quelquefois que les prétentions les plus légitimes descendent à ce que la terre contient pour nous. D'autres liaisons moins heureuses, moins louables, mais pourtant choisies, donneront ou quelque bonheur, ou quelque oubli des maux : il ne faut pas les

condamner sans indulgence. Ne dites point que
cette indulgence compose avec nos faiblesses ;
si ce qu'il nous est le plus difficile de ne pas
vouloir est un mal, nous devons nous l'interdire
quoiqu'il en coûte ; mais c'est la misère de notre
destinée qui nous justifie, quand nous nous ré-
duisons à ce qu'on peut tolérer, au défaut de ce
qui serait tout à fait digne d'être approuvé.
N'exigeons pas de tout ce qui ne peut être
connu, ou apprécié par tous, ce que même on
ne peut pas se donner quand la destinée le refuse. Dans la privation d'un avantage plus dé-
sirable, mais qu'on n'a pas obtenu, le besoin
d'un attachement et les besoins des sens peuvent vouloir que l'on contracte de ces rapports
qui ne sont point un crime, et ne sont pas même
toujours une faiblesse. La prudence conseille
quelquefois ces rapports d'un ordre inférieur,
qui exposent à moins de dangers que la recherche obstinée des unions parfaites.

Un bon esprit rend indifférent, et même bon,
ce qui n'est pas essentiellement condamnable ;
tandis qu'un mauvais esprit sait pervertir tout
ce qui n'est pas essentiellement bon, et que son
industrie funeste va même jusqu'à déprécier et
avilir en effet les choses les plus respectables. Il

résulte malheureusement de ce principe, que,
dans l'extrême inégalité des esprits parmi nous,
on arrange la morale pour la multitude, qu'ainsi
elle ne peut pas convenir en tout aux âmes
élevées ; que dès lors plusieurs s'écartent un
peu de la voie battue ; que c'est avec raison, à
quelques égards, parce que cela est inévitable ;
mais que cet exemple entraînera les sots, et que
ces pauvres sots se culbuteront dans les chemins peu tracés où l'on eût pu marcher droit. Il
y a dans la pensée la plus pure du plus juste
des hommes, plusieurs choses qui ne conviennent peut-être qu'à son usage ; qu'il se
nourrisse de ce que le vulgaire digérerait mal,
il est né pour s'en faire un excellent chyle en
secret. La morale du sage peut n'être pas en
tout la morale du peuple. Jamais ils n'en con-
viendront ces hommes qui se sont séparés du
genre humain pour le tenir sous une férule uniforme. C'est leur troupeau, disent-ils ; et ils
font bien de l'appeler ainsi, puisqu'ils le veulent
semblable au mouton, stupide, opiniâtre dans sa
routine, et facile à dépouiller.

Il est des hommes à qui le sentiment de l'ordre
est naturel ; le mal leur est pour ainsi dire impossible. Ils ne seront ni injustes, ni vils ; des

mœurs moins dépendantes ne les conduiraient
jamais à la licence.

Le sage est juste et ferme ; il sait placer une
saison de plaisir dans la longue année du devoir. C'est à lui qu'il appartient de sortir des
habitudes du lieu où il vit, mais seulement quand
les lois de la Société ne doivent pas le défendre,
quand cette Société n'a point de *Mœurs*. Il se
soumet à l'ordre, car il le connaît ; il observe
les convenances des choses et celles du moment ; il est assez fort pour penser sans préjugé,
pour agir sans passion, pour voir juste sans
abuser ; il se soumet aux lois réelles, et même
à l'intention des lois positives , mais la vie privée de l'homme qui pense n'est pas assujettie à
la coutume arbitraire, ni à la lettre des règlements établis pour la foule. Ces règlements, ces
usages, qui n'ont rien de sacré ni quelquefois de
légitime, et qui souvent se trouvent en contradiction avec l'esprit des lois de l'État, seront
quelquefois modifiés dans le silence de la vie
privée, par quiconque pensant assez pour avoir
droit de les juger, est assez sûr de ses intentions
pour décider lui-même dans ce qui le concerne.

Un père doit toujours être obéi ; mais il commande à l'aîné de ses fils d'égorger le plus

jeune : la loi a donc besoin d'interprétation.
Ces cas sont prévus, dira-t-on, et l'on ne doit
pas d'obéissance pour un crime. Soit : mais il
lui commande d'aller mendier. Le fils trouvera-
t-il dans la loi ce qu'il doit faire ?

Une loi, transmise jusqu'à nous, défend toute
jouissance des sexes que le mariage n'autorise
pas. Si cette loi n'était pas observée en général,
le but ne serait pas atteint, et le désordre serait
dans la société, puisque la société est réglée
d'une manière qui suppose nécessairement
l'existence et le maintien d'une telle institution.
Mais une femme manquera à la lettre de cette
loi, sans manquer à la loi elle-même, si elle
évite tout ce que la loi prévient tacitement, et si
elle a une volonté bien fixe de suivre la raison
qui l'a dictée. Elle ne manquera pas à la chasteté si elle remplace, par une pudeur fondée sur
le sentiment invariable des convenances, cette
pudeur aveugle qui n'est autre chose que l'éloignement pour des choses inaccoutumées, et
qu'on a entendu dire honteuses, cette pudeur
vulgaire qui, une fois négligée, se perdrait aussitôt, parce qu'elle est fondée sur l'habitude et
une sorte d'instinct, et qu'elle ne l'est pas sur la
raison et la délicatesse dans les sensations.

Il se trouve que cette femme sait penser et prévoir ; indépendante en entrant dans la vie, elle l'observe avant de s'y précipiter. Ce qu'elle découvre d'abord, c'est une opposition presque perpétuelle entre les devoirs importants et les devoirs secondaires, entre les devoirs enfin et les caprices des mœurs. Elle voit trois partis à prendre.

Si elle s'assujettit aux dispositions littérales du législateur, aux fantaisies des docteurs, aux livres du peuple, dans la supposition toutefois qu'elle parvienne à tout concilier dans ce chaos, elle vivra d'une manière pénible et comprimée, très souvent exposée à faire un mal réel pour suivre une erreur consacrée. Mieux vaudrait laisser la vie que de s'attacher inutilement ces chaînes pesantes réservées pour les esprits robustes, à qui toute forme est indifférente, pourvu qu'on mange et qu'on dorme.

Elle pourra sauver les apparences, et rester très scrupuleuse au dehors, sans avoir intérieurement d'autres principes que ses passions, ses intérêts et la prudence de les masquer. Mais ces bassesses sont impossibles à la raison.

Que lui reste-t-il donc, si ce n'est d'examiner ce qui oblige effectivement de chercher sa loi dans la vérité des choses, de ne s'assujettir qu'au devoir réel, afin de le suivre, quoiqu'il en puisse coûter : seul parti honnête, seul digne de l'être sensé qui veut, avant tout, vivre en paix avec soi-même.

Il ne s'agit ici que des cas particuliers : il faudrait les prévoir ; une règle générale est insuffisante, puisque, pour plusieurs, la vie entière se passe dans les exceptions. Une femme qui se marie dès sa jeunesse, se trouve ordinairement dans les circonstances de la loi générale ; alors il n'y a point de raison pour qu'elle ne suive pas les dispositions littérales du législateur.

VII

DES ROMANS

Ces Romans dont les bibliothèques sont encombrées, trompent un grand nombre de jeunes têtes, malgré le mépris qui devrait en détruire absolument l'autorité. Ils séduisent tous les jours des esprits bornés. On s'habitue à confondre avec l'expression réelle des sentiments, ce jargon fastidieux des hommes qui se consument, qui se meurent, qui ont des transports, des tourments et des flammes. Cependant une véritable affection ne s'exprime point comme la passion du coin ; et plusieurs mots de *Julie* même ne sont pas dans la langue de l'homme aimant. Celui qui s'exprime avec une burlesque exagération est incapable d'aimer ; et tous ces aimables seront au moins indifférents au cœur fait pour l'amour.

VIII

Une suite très sensible de cette dissimulation où nous réduisent tant d'obligations contradictoires, c'est le style déguisé, les termes équivoques que l'on emploie presque universellement. Comme on n'ose parler de l'amour physique dans les termes propres, on fait des allusions multipliées et de fades plaisanteries. Dans les lieux que le peuple fréquente, ou seulement dans ceux où l'on se met à son aise, cette expression demi-couverte est très embarrassante pour qui n'en partage pas le ridicule amusement.

Les termes équivoques sont innombrables, et l'on peut trouver partout des allusions ; notre langue, en voulant ne rien dire positivement, tombe ainsi dans l'inconvénient plus grand d'exprimer à tout instant ce qu'elle se refuse à nom-

mer. Dans la plupart des circonstances, il serait
mieux de ne point parler, si ce n'est d'une manière très délicate, de ces choses sur lesquelles
les opinions et la façon de sentir diffèrent trop.
D'ailleurs, que signifient tous ces mots à double
sens ? Entre hommes, ce n'est pas plus agréable
que raisonnable. Avec des femmes, c'est presque
aussi déplacé ; dans presque toutes les circonstances, et surtout en public, c'est leur manquer,
et les mettre dans une situation très incommode.

Il n'y a pour les mots libres que de certains
instants ; et au contraire ces allusions, étant de
tous les moments, se trouvent le plus souvent
hors de propos lors même qu'elles ne sont pas
malhonnêtes et rebutantes. L'imagination, une
fois habituée à ces doubles sens, en fait trop
souvent l'application, et c'est là ce qui rend
essentiellement mauvais les termes indirects.
Ce n'est pas une moindre grossièreté d'employer
dans la conversation, dans l'habitude de la vie,
le mot qui dans l'origine n'exprimait que la
jouissance même. Le sens en est tellement
connu, qu'il n'en a aucun, si on ne l'entend pas
ainsi ; un homme honnête doit donc l'abandonner à la populace.

Ce qui semble bizarre, c'est que dans la plu-

part des livres érotiques, on évite les termes qui
du moins y seraient à leur place. Il faut bien se
décider à penser que ces auteurs, les croyant
obscènes, trouvent plus décent d'y substituer
des expressions niaises, affectées, et très souvent dégoûtantes.

Les livres indécents ne sont point ceux qui
nuisent le plus aux mœurs ; ce qui les énerve
et les perd, c'est la légèreté avec laquelle on
rapporte et l'on présente comme indifférentes,
comme ingénieuses même, les infractions les
plus positives aux devoirs les plus saints ;
comme des manières élevées et indépendantes,
les procédés licencieux et perfides ; comme des
amusements sans conséquence, ce qui est contraire aux principes que soi-même l'on avoue.
On ne saurait nuire davantage qu'en insinuant
qu'il y a deux morales, celle de la sagesse et
celle du plaisir, ou les préceptes publics et les
maximes secrètes. Je soutiens que certaines
pages de Voltaire et plusieurs scènes de Regnard
et de Molière, sont bien plus contraires à la morale que les obscénités, de l'Arétin et les hideux
excès décrits dans Justine. Les épigrammes
ordurières ont fait peu de mal ; les Contes de
Boccace et de La Fontaine en ont fait beaucoup.

IX

DES CAUSES DE LA GRANDE DIVERSITÉ DE SENTIMENTS EN AMOUR, ET DE L'ESPÈCE D'IMPOSSIBILITÉ DE LES CONCILIER PARMI NOUS

Les besoins de l'Amour sont ceux qui occasionnent les plus grands changements dans les organes, et dès lors le plus d'inégalité, de discordances, et même de désordre dans les idées. Il résultait donc de la nature de l'homme une diversité d'opinions sur cette affection morale. Dans l'ordre actuel, les différences de sentiment sont plus grandes encore ; nous avons fait les hommes tellement dissemblables, qu'ils ne sauraient espérer de s'entendre sur une chose qui est commune aux premiers et aux derniers d'entre eux. Il est impossible maintenant de penser unanimement sur ce grand objet, et il est

très difficile, même aux gens les plus sensés,
d'en juger d'une manière saine.

Ces oppositions conduisent à dissimuler les
désirs devant ceux qui ne se trouvent pas assu-
jettis d'une manière analogue à la nôtre, et surtout devant les vieillards que l'on présume avoir
ou quitté, ou corrompu cet ordre de sensations.
Le respect que l'on avait pour les vieillards
dans le temps où l'on rédigea pour d'autres les
lois que nous suivons, dut beaucoup contribuer
à faire regarder le plaisir comme honteux ; leur
influence, leur autorité le fit déclarer coupable.

Les choses indifférentes sont toujours à peu
près semblables ; mais ce qui est destiné à plaire
demande du choix ; et le plaisir qui excite les
plus fortes émotions dont l'homme soit capable,
sera, de toutes les parties de notre moralité, celle
où la perfection du goût et des sentiments établira une différence plus grande entre l'homme
supérieur et l'homme stupide, égoïste, vil ou
crapuleux.

L'Amour diffère dans les cœurs selon le plus
ou moins de sensibilité, selon les âges, les habitudes, les facultés, selon la nature du tempérament. Si le système musculaire est dominant,

l'amour est brut, dit Cabanis; il est délicat
quand c'est le système nerveux.

Si l'homme craint que le plaisir ne le rapproche des bêtes, qu'il se sépare d'elles en tout.
Cette Baronne qui avait honte de manger, parce
que ses gens mangeaient, paraît avoir été plus
conséquente ; je suis fâché seulement qu'elle ait
eu l'âme assez roturière pour ne pas rougir aussi
de respirer. Les sots, les débauchés, les dévots,
les vieillards, déraisonnent nécessairement sur
un sujet si compliqué, si difficile ; cette partie
importante de la volupté universelle demande
une connaissance avancée des hommes, une
connaissance impartiale de l'homme.

Pensée d'Épicure ! Pensée vraie et sublime !
L'art de jouir est la science de la vie, et la volupté est la fin que connaît la sagesse. Épicure
méprisait le divertissement grotesque d'un
peuple hébété. Épicure méprisait la grossièreté
où se plonge la foule fatiguée de servitude, et
s'abreuvant d'une misère plus vile pour échapper au sentiment des misères plus sombres.

Mais il entendit la loi du mouvement des êtres.
Les globes ne gravitent pas plus nécessairement
vers les centres de leurs orbites, que l'être animé
vers ces commotions énergiques qui le consu-

ment, le raniment et le tuent, qui sont et le
principe, et la ruine, et l'objet de sa vie. Cette
force vivante qui a dit aux astres : Roulez et
subsistez ; et à la matière : Sois éternelle et toujours mobile ; a dit aux hommes : Jouissez et
passez.

Disciples du Portique ! j'admire un grand
courage dans vos belles erreurs ; mais je ne
puis découvrir le but où aspirait votre sagesse,
et à peine j'en conçois la sincérité.

Épicure eut un autre courage, celui de dire
une vérité méconnue. On voulut l'en punir. La
vérité trop naturelle alarma le fanatisme des
Écoles. Ne pouvant réfuter la doctrine, on la
défigura. Si même les manuscrits conservés
sous les laves, et qu'un art savant s'attache à
dérouler, démontraient enfin l'imposture philosophique qui réussit alors à flétrir le vrai Sage,
cette erreur, devenue populaire, affaiblirait
longtemps encore la vénération dont l'orgueil
jaloux des autres sectes parvint à le priver.

X

DES SUITES DES PASSIONS

Si l'on voyait d'un coup d'œil l'histoire de toutes les passions, si même on en savait le roman, de quelle imprudence, de quelle folie n'accuserait-on pas ces mouvements désordonnés du cœur ennuyé des situations où il ne souffre pas !

De degrés en degrés, d'incidents en incidents, à force de hasards et d'incertitudes, le plus grand caractère peut descendre à quelque faiblesse. Un homme fait pour rester homme, sera presque aux genoux d'un enfant qui recevra avec une indifférence surprenante, avec une puérilité comique, les agréments et l'honneur de sa propre vie. Cette jeune tête, négligeant une affection raisonnée pour une fantaisie puérile, peut-être s'avisera d'estimer moins un homme, précisément parce qu'il est généreux, et qu'il l'est pour elle.

Une femme remplie d'intentions pures, sera trompée pour avoir eu des goûts solides, et perdue pour avoir choisi avec maturité. On voudra bien faire malgré le sort : l'on sera malheureux. On voudra aimer toute la vie, et l'on fera des sacrifices qui n'aboutiront qu'à aimer en vain. L'on préférera des passions qui livrent aux dangers, et ne donnent que des privations, à la félicité, moins séduisante et bien plus douce, d'une affection dont on pourrait posséder librement les voluptés répétées et durables.

Ce qu'il y a d'essentiellement funeste dans les passions, c'est l'incertitude agitée qui trouble, qui préoccupe, qui suspend nos volontés, qui s'oppose à l'ordre, à la suite dans la conduite, à la sécurité dans les sensations, à l'industrie du bonheur.

La différence des destinées, l'opposition des intérêts établissent pour chacun de nous des plans de conduite disparates, contraints, anguleux, en quelque sorte, et dont on ne sait comment rapprocher les formes heurtées et inflexibles. Mais quand les passions surviennent avec des vues inconstantes et des desseins d'un autre ordre, que de discordances ! Quel mouvement destructeur ! Que d'êtres froissés, usés, mu-

tilés ! Tout marche, sans doute ; il faut bien qu'il
y ait une marche quelconque. Tout subsiste ; car
la masse ne peut être détruite. Il y a même une
forme générale ; mais de quels éléments se com-
pose-t-elle ?

Combien l'ordre est difficile dans nos affections, dans nos relations multipliées ! Que de fois
on est dupe, en le sachant très bien. Que de fois
on contribue, sans le vouloir, sans le savoir, au
malheur de ceux dont on désire la félicité ! Que
d'injustices à souffrir ; et, ce qui est déplorable,
que d'injustices à faire inévitablement ! Comme
nous négligeons nos plus vrais amis ; comme
nous nous sacrifions pour des âmes mal occu-
pées de nous ! L'homme le plus intègre est encore l'occasion de beaucoup de désordre ; et notre
marche est tellement embarrassée, que la consolation du sage est seulement de faire moins
de mal que les sots, et de ne jamais partager
avec les insensés la volonté d'en faire. Que de
difficultés pour bien vivre parmi nous ; et quelle
doit être la conduite des hommes ordinaires, si
la vie de ceux qui cherchent la justice est encore
si dérangée et si folle ? Le genre humain gagne-
rait beaucoup à ce que la vertu fût moins laborieuse. Le mérite serait moins grand ; mais que

nous importe cette élévation rarement atteinte ?
Ce que nous devons désirer, c'est que la raison
soit facile et la vertu commune ; pour que le devoir soit universellement aimé, ne faut-il pas
qu'il puisse être universellement suivi ? Malheur
à toute institution qui demande de l'héroïsme !
Malheur à toute morale réduite à dire : N'écou-
tez pas votre intérêt ! Malheur à toutes les cités
où il est sublime de bien faire ! Misérable Terre !
où il faut que nous résistions à notre nature, pour
retrouver sous des formes prescrites, les lois de
la nature des choses ; où les préceptes ne peuvent arrêter les passions, qu'en inspirant un autre
délire ; où la patrie ne subsiste qu'en exigeant
de l'homme qu'il s'expulse de son propre cœur,
pour y placer une hypothèse politique, pour y
vénérer un fantôme moral !

XI

DE LA SAGESSE INDIVIDUELLE ET DE LA FORCE DES OBSTACLES A UNE RÉFORME GÉNÉRALE DES MŒURS

Si tous les hommes étaient injustes, la vie serait affreuse ; si tous étaient austères, elle serait très inutile. Mais s'ils étaient justes et sagement voluptueux, qu'aurait-on besoin de rêver un autre Élysée ? Une vie irréprochable et embellie de plaisirs honnêtes, est la seule où le cœur humain puisse trouver du repos. Les passions effrénées fatiguent, les reproches de l'âme déchirent, l'austérité attriste, l'abus des plaisirs désespère ; il nous faut des affections plus heureuses et des habitudes plus faciles.

Nous ne verrons point changer le Monde. Le tenter sans l'effectuer, c'est remplacer les inconvénients par des désastres, et les abus par des vices ou des fureurs. Réformer à demi, c'est déranger, troubler, pervertir. Si les peuples doivent être ramenés, ce sera par la force des temps et par l'effet lent, mais certain, de la persévérance des écrivains dans une morale moins aveugle.

Cette espérance d'un temps meilleur réservé à des générations que nous ne connaîtrons point, n'est pas un dédommagement suffisant pour nous qui passons aujourd'hui. Comment nous serait-il interdit de chercher pour nous-mêmes un sort tolérable, de régler les affections de l'homme par la morale humaine, d'éviter à la fois et le malheur du crime et la bêtise des privations inutiles ? C'est à ces conseils de la prudence que se réduisent trop souvent les lois mêmes de la sagesse. Ne faut-il pas que, dans ses plaisirs, l'homme juste lui-même renonce à ce qui est beau, qu'il s'attache à trouver suffisantes les choses passables, et que, le mieux en cela, devenant inaccessible, il s'accommode d'une image imparfaite, d'une copie infidèle des biens qui lui étaient promis ? Qu'il sache donc abandonner l'idée d'une existence naturelle ; on dit maintenant que c'est une conception romanesque. En effet, des plans d'une vie libre sont un rêve dans la tête que les murs des cachots en séparent ; le roman, c'est l'état de choses qui n'est pas présent.

Mais cette chimère, ce prétendu roman, cette histoire de l'homme, qu'un siècle fécond en saillies déprécie en vain, qui l'écrira ? Que de recherches ! quel abîme pour un esprit infirme et une vie précaire ! Nous restons étonnés ; nous ne voyons que l'Éternel qui subsiste, la Nature qui attend et l'Homme qui tombe.

Entraînés par les fantaisies inquiètes et par l'agitation d'un monde industrieux et chargé de besoins, on n'a qu'une heure pour apprécier les désirs, les projets, les affaires, les habitudes de nos esprits inconstants, les songes de nos cœurs vides, et tout le néant de cette durée que nous croyons saisir dans le passage de tout ce qui commence à tout ce qui périt.

Et quels sont, dans la réalité des choses, ces siècles toujours vantés, ces siècles brillants, mais après lesquels il n'y a rien à entreprendre. Échappés à la démence ignorante, aux volontés sans frein de la barbarie, nous sommes tombés dans la manie des grands États, nous avons perdu les avantages des lumières. Dans l'impuissance de songer à des Institutions, dans la nécessité d'avoir des privilégiés séduits et une populace

sacrifiée, occupés de ce fantôme que nous nommons la prospérité des peuples, et que la multiplication des hommes nous a réduits à chercher,
où trouverions-nous le bonheur individuel ? Comment s'arrêtera-t-il dans nos cœurs obsédés ? Comment l'union, la paix, la joie sincère, s'y conci-
lieront-elles jamais avec des besoins démesurés
et une attente toujours mobile, avec ces formes
usées, ces couleurs effacées, ces vertus décou-
ragées, ces sentiments indécis ou complaisants ;
avec les désirs systématiques, les plaisirs indirects, et nos sensations calculées, et nos affections ironiques, et ce mouvement pressé qui
trompe nos âmes, et ces prétentions sans terme
dans une vie de misères, ces projets, ces vues
éloignées dans une vie périssable ?

L'orage est éternel : chaque instant a ses victimes ; nous sommes nés sur des millions d'osse-
ments, et le sol qui nous porte en est fait. Une
fermentation dévorante, un mouvement de mort,
laboure ce chaos où chacun de nous surnage et
croit s'avancer. Serrez-vous, hommes simples !
vous dont le cœur est juste et la volonté pure,
unissez-vous, aimez-vous ! tout fuit sans retour.
Le plaisir a été vu sans consistance ; et l'on a
trouvé que l'amour n'avait point de valeur réelle.

L'homme a tout sondé : l'abîme est devenu sa
science.

Mais bien que tous les résultats soient passagers et futiles, une joie incomplète vaut encore
mieux que des misères sans distraction. Nous
allégerons ce qu'on ne peut changer. Marchons
sans désespoir, entrons dans l'inévitable oubli.
Là se perdent nos larmes, comme notre gloire,
et nos sacrifices, et nos fausses opinions, et nos
vertus trompées. L'austérité des Mages, l'industrie des Moines, le charlatan qui fait rire, et celui qu'on adore, les histrions de tous les systèmes, les valets de tous les partis ; tout passera ;
les astres que de longs siècles calculent passe-
ront aussi. Quelques jours ont fini l'orgueil de
Balbeck et les merveilles d'Hermopolis et de
Tintyra ; la grandeur des peuples s'est consumée
comme le luxe des villes. Il ne reste des Césars
et de Rome souveraine qu'une parodie allemande,
une Rome du Danube. L'homme puissant agite
les hommes malheureux ; encore quelques jours
à l'humaine poussière, et elle sera dissipée, la
trace superbe en sera perdue. Descendons paisi-
blement : que le silence des passions immoralés
nous laisse dans ce repos du juste, où l'on peut
voir sans déchirements la ruine de toutes choses ;

et que les voluptés sans trouble nous aident à
soutenir nos années suspendues entre les deux
immensités du temps sans origine et du temps
sans terme !

Des intentions sincères me feront pardonner
le scandale que je donne malgré moi. Je ne suis
pas toujours dans les *principes*, mais il y eut plusieurs hérésiarques dont la conviction parut excu-
sable ; je demande ici cette sorte d'indulgence qu'il
fallut avoir pour eux. Sans doute on voudra
bien ne pas mettre plus d'importance à mes erreur que l'on en mettra à mes opinions. Nous
sommes d'ailleurs dans un siècle fatigué de
tout ; cependant ces opinions me semblent tellement fondées, et je suis si loin de vouloir hasarder ce dont les conséquences me paraîtraient trop
incertaines, que je ne puis me défendre de croire
que si je parviens un jour à les établir mieux, le
temps ensuite les justifiera.

TABLE DES MATIÈRES

—

TROISIÈME PARTIE

Des lois naturelles en amour

QUATRIÈME PARTIE

Des devoirs

CINQUIÈME PARTIE

Des jouissances

SAINT-AMAND (CHER). — IMPRIMERIE BUSSIÈRE

L'Édition Moderne — Librairie Ambert

PARIS — 25, rue Lauriston, 25 — PARIS

Tél. : 645.79

CATALOGUE N° 7
ROMANS, LITTÉRATURE, HISTOIRE

Envoi franco contre timbres ou mandat-poste

Cte PAUL D'ABBES

Les Bateleurs, *Jean-Gabriel Norès*, roman... 3 fr. 50

Luxuria, roman...................... 3 fr. 50

Timandra, *courtisane d'Athènes*, roman..... 3 fr. 50

Toute la Grèce antique passe dans cette histoire d'une courtisane magnifique qui, après avoir haï Alcibiade jusqu'à la fureur, conçoit pour lui la plus ardente tendresse.

La Volupté d'aimer, roman.............. 3 fr. 50

Un long frisson passe à travers ces pages, où se joue un drame très poignant et très humain.

PAUL ADAM

* La Morale de Paris................. 3 fr. 50

Dans cette œuvre, le penseur qu'est Paul Adam analyse avec érudition et originalité les idées et les tendances qui sont la caractéristique d'une époque.

MAURICE D'AUBERLIEU

* L'Allée merveilleuse, roman........... 3 fr. 50

Le Semeur de Caresses, roman.......... 3 fr. 50

Ce roman d'observation aiguë, qui est aussi d'une intense poésie et d'une grande élévation de pensée, étudie le « cas » étrange d'une ravissante sentimentale.

* Volumes pouvant être mis dans toutes les mains.

GASTON AUVARD

* **Désemparée**, roman.................... 3 fr. 50

Ce roman nous montre les angoisses d'une femme qui n'a plus la foi et qui, cependant, trouve ici-bas une suprême raison de vivre.

RAOUL BÉRIC

*. **Les Routiers** (*La Légion étrangère*)......... 3 fr. 50

Livre exact et sincère qui, au milieu d'un douloureux épisode de l'annexion, pose le problème angoissant du retour au pays, et présente — comme nul auteur ne l'a fait — la Légion telle qu'elle est, digne d'admiration et de pitié.

JEAN BERTHEROY

Les Bergers d'Arcadie.................... 3 fr. 50

* **Conflit d'Ames**, roman................. 3 fr. 50

C'est la lutte — lutte passionnante et passionnée — entre deux caractères également nobles, également attachants, mais profondément séparés par leur origine et leur éducation.

CAMILLE BRUNO

* **Au Jeu d'Amour**, roman................. 3 fr. 50

LUCIEN DE BURLET

* **Au Canada** (*De Paris à Vancouver*)....... 3 fr. 50

Étude de voyage politique, économique et très pittoresque aussi, de la puissance du Canada, et en particulier de la province de Québec, l'ancienne *Nouvelle-France*.

Mis DE CASTELLANE

* **Lettres à un Gentilhomme**.............. 5 fr. »

Très documentées et écrites dans un style alerte, ces lettres, où les aperçus philosophiques sont traités avec une finesse de touche toute moderne, examinent les problèmes les plus divers de la vie à notre époque et montrent avec esprit qu'il faut marcher avec son siècle.

Les Mémoires d'un Mort, conte fantastique... 2 fr. »

NONCE CASANOVA

L'Image des Ténèbres, roman féerique...... 3 fr. 50

Jean Cass, pauvre diable, roman........... 3 fr. 50

C'est le destin, supérieurement décrit, d'une pittoresque créature ballottée par le tourbillon brutal de l'existence moderne ; c'est le livre ardent de la souffrance et de l'amour.

La Mort des Sexes, roman............... 3 fr. 50

Avec une indépendance parfaite, une droiture impeccable, Nonce Casanova nous montre les maux dont souffrent les mentalités décadentes à la recherche de frissons nouveaux.

La Vache, roman........................ 3 fr. 50

Livre d'une sincérité trop rude peut-être, mais d'un rare bonheur de poésie âpre et d'observation précise, fixant à chaque page, en nuances émues, cette inoubliable figure de paysan : Bouffe-Bouses, qui demeurera dans le vaste champ des passions humaines.

A.-J. DALSÈME

L'Orgueil de la Chair, roman............. 3 fr. 50

ERNEST DAUDET

* Le Mari, roman..................... 3 fr. 50

Dans ce drame d'amour se déroulent les péripéties poignantes qui sont la suite ordinaire de la passion quand celle-ci se trouve en contradiction avec le devoir. Des épisodes idylliques, d'un charme reposant, y alternent avec les violences du drame.

* Le Mauvais Arbre sera coupé, roman...... 3 fr. 50

Les douloureux résultats que peuvent produire les principes qui, de nos jours, semblent se substituer à l'éducation traditionnelle sont, dans ce roman de mœurs contemporaines, d'une conception originale et du caractère le plus émouvant, mis en lumière avec une logique vigoureuse.

* Raymond Rocheray................... 3 fr. 50

Histoire par les événements qu'il rappelle, roman par les aventures qu'il raconte, ce livre attachant est une œuvre de patriotisme et de vérité, vue et vécue, un beau récit de jeunesse au lendemain de la guerre de 1870.

* Sans Espoir, roman................. 3 fr. 50

C'est le récit émotionnant de la vie, toute de dévouement et de probité, d'une femme mariée malheureusement. Le devoir reste son seul guide : il lui donne la force de vivre résignée à l'existence que le destin lui a faite.

L'ÉDITION MODERNE — LIBRAIRIE AMBERT

PARIS — 25, rue Lauriston, 25 — PARIS

ACHILLE ESSEBAC

Dédé, roman.......................... 3 fr. 50

Journal étrange d'un adolescent énamouré, d'une excessive témérité, où, avec audace, sont décrites les grâces suggestives des formes de l'Ephèbe.

L'Élu, roman.......................... 3 fr. 50

Livre du Printemps, de la Beauté, de la Jeunesse. La joie délicieuse d'*aimer* et d'être élu y est opposée à la violence d'*être aimé*, jusqu'à faire une auréole sanglante à l'Amour.

Les Griffes, roman.......................... 3 fr. 50

Drame d'amour et de haines contenu dans la magnificence et la détresse d'une Tolède à l'agonie.

Luc, roman.......................... 3 fr. 50

Roman où se rapproche du beau visage du héros un doux visage de vierge dont la bouche impatiente fait connaître à ses lèvres le parfum des luxures défendues.

Nuit païenne.......................... 1 fr. 50

C'est, entre jeunes et fougueux artistes, le Nu affranchi d'anathèmes à qui l'Art restitue ses Libertés premières dans la splendeur d'un décor imposé : Rome de la Décadence.

Partenza... vers la Beauté !.......................... 3 fr. 50

Sensations d'Italie dominées par l'évocation du paganisme sensuel au rire épars encore sur les champs heureux de la Campanie et sous les colonnades des Forums.

PAUL D'ESTRÉE

* Le Père Duchesne (Hébert et la Commune de Paris, 1792-1794).......................... 7 fr. 50

D'après des publications récentes et des documents inédits, avec gravures hors texte.

Cᵗᵒ FLEURY et LUCIEN TERNEUSE

* Une Page d'Amour sous la Terreur, roman historique .... 3 fr. 50

C'est le roman — commencé en idylle, traversé d'événements angoissants, tragiquement terminé par le couperet de Sanson — de la délicieuse Émilie de St-Amaranthe, en tableaux très poussés de la vie élégante et galante de Paris en pleine Terreur.

L'ÉDITION MODERNE — LIBRAIRIE AMBERT

PARIS — 25, rue Lauriston, 25 — PARIS

O.-P. D'OLIGEZ

* L'Oncle Dominique, roman d'aventures.

2 vol., chacun...................... 3 fr. 50

Ouvrage qui devra être mis entre les mains des jeunes gens et des jeunes filles ; ils verront là ce que peuvent l'union et le travail dans une famille bien française, qui n'a pas hésité à quitter la terre des aïeux, pour aller chercher aux colonies la satisfaction du devoir accompli et la fortune.

LIANE DE POUGY

* Yvée Lester, roman................... 3 fr. 50
* Yvée Jourdan, roman................. 3 fr. 50

D'une psychologie très juste, ces deux livres sont l'étude simple, tendre et poignante d'une petite Américaine dont le cœur s'éveille à la vie.

JEAN RAMEAU

* Le Seul aimé, roman................ 3 fr. 50

Épris de la terre pyrénéenne, les personnages du Seul Aimé sont imprégnés d'une exquise poésie de terroir. Une jeune fille ignorante, qu'un sourire du député du cru fait aimer à jamais, est l'héroïne de cette œuvre pleine de saveur.

ROGER RÉGIS-LAMOTTE

La Femme passa..., roman .... 3 fr. 50

Rien n'est plus passionnant que ces pages, où rayonnent, autour de l'héroïne, tour à tour amoureuse, souriante, farouche et mystérieuse, toute la vie d'un peuple, tout le problème des philosophies et des religions.

* Mam'selle H. P., roman............... 3 fr. 50

Au milieu des scènes les plus inattendues, une figure captivante et amusante de jeune fille ultra-moderne qui pense, rit, flirte et se marie de façon très peu banale, mais très morale pourtant.

RAMON DEL VALLE-INCLAN

* Mémoires aimables du Marquis de Bradomin,

2 vol., chacun...................... 3 fr. 50

Traduite par Charles Barthez. — L'œuvre du grand écrivain espagnol, sonate de printemps, d'été, d'automne et d'hiver, — dont le succès fut si prodigieux dans l'Amérique latine — est toute faite de charme et de vigueur.

Les Nuits de Bagdad, roman historique..... 3 fr. 50

Entre l'impératrice Irène et l'empereur Charlemagne, — c'est, à Bagdad, le Khalife victorieux et fastueux des Mille et une Nuits, Haroun Al Raschid, ressuscité dans toutes les poésies et les richesses du décor oriental et islamique.

FERNAND KOLNEY

Les Aubes mauvaises. roman............ 3 fr. 50

L'Affranchie, roman................... 3 fr. 50

CH. HENRY MATAGRIN

L'Effritement, roman.................. 3 fr. 50

Les Engendreurs, roman............... 3 fr. 50

HENRY MIRANDE

Élagabale, roman historique........... 3 fr. 50

Œuvre curieuse, intéressante et fortement colorée, où est peinte la Société romaine en décomposition, dans laquelle fermentent et se mêlent les traditions latines, les superstitions de l'Orient, et les nouveautés du Christianisme.

LOUIS NARQUET

* **La Cangue**, roman.................. 3 fr. 50

Dans des pages prenantes de vérité, la chasteté douloureuse d'un jeune amour est broyée sous l'étreinte des préjugés sociaux. L'ombre rude du travail et de la pensée est le refuge du héros, qui reste désemparé.

FRANÇOIS DE NION

* **La Peur de la Mort**, roman............ 3 fr. 50

Œuvre fortement pensée et curieusement écrite, où l'idée philosophique évolue, à travers des milieux mondains ingénieusement observés, avec une force dramatique qui arrive à un maximum d'intensité.

L'ÉDITION MODERNE — LIBRAIRIE AMBERT

PARIS — 25, rue Lauriston, 25 — PARIS

MAX et ALEX FISCHER

* Les Bateaux de l'année .... 3 fr. 50

Revue de tous les bateaux, grands et petits, que l'actualité
s'est complue à nous « monter » au cours de ces derniers mois.

GABRIEL GERIN

* Amours de Couvent, roman historique.... 3 fr. 50

Reconstitution de la vie très mondaine des « Nonnains de St-
Pierre » à Lyon, au XVIᵉ siècle. Une intrigue très délicate fait
revivre l'« Abbaye royale », ses tours et ses pignons « qui se mirent
dans le Rhône. »

* Le Lion triomphant, roman historique.... 3 fr. 50

Reconstitution de cette époque troublée où les moines portaient
une armure sous le froc et où « Forvières » et « St-Just » étaient
assiégées par la bonne ville de Lyon, lasse du joug du clergé régulier.

O. GEVIN-CASSAL

* Pauvre Nichée, roman pour la Jeunesse.

Illustrations de R. de La Nézière...... 3 fr. 50

Histoire vécue, d'un charme reposant, *Pauvre Nichée* nous
incline vers la douceur des affections familiales. Par des scènes,
tantôt du plus haut comique, tantôt presque dramatiques, elle
éveille chez les lecteurs de tous les âges des pensées belles et
durables.

AIMÉ GIRON et ALBERT TOZZA

* Antinoüs, roman historique............ 3 fr. 50

Reconstitution précise d'Antinoë, de ses palais, de ses temples ;
résurrection du jeune Bithynien dans la vérité de ses costumes,
de sa vie privée et publique.

* L'Augustule, roman historique......... 3 fr. 50

Ce livre, dominé par le sentiment de l'âme antique, nous fait
assister à la décadence romaine, puis à la mêlée des races se dis-
putant le monde.

* Le Bien-Aimé, roman historique....... 3 fr. 50

Gilles de Rais (*La Bête de Luxure*), roman

historique.................. 3 fr. 50

Étude exacte du monstre qu'était Gilles de Laval, baron de
Rais, dont la vie oscilla entre de nobles passions et d'exécrables
lubricités, entre les mysticismes délirants et les jouissances
farouches.

Volumes in-18 à **1** fr. **50**

Jean de BONNEFON : **Les Cas de Conscience modernes.**

Georges BOURGEAU : **La Parade**, roman.

Nonce CASANOVA : **La Libertine**, roman.

Roger DAVREUSE : **La Proie**, roman.

V. DOROCHÉVITCH : **L'Ile des Morts.**

Delphi FABRICE : **L'Araignée rouge**, roman.

Edmond FAZY : **La Nouvelle Sodome**, roman.

R. GASTON-CHARLES : **Chacun sa Chimère**, roman.

J.-C. HOLL : **Le Baiser d'Ève**, roman.

    Les Casques blancs, roman colonial.

    Les deux Idoles, roman.

Jean de LA HIRE : **Les Sept Beautés de la Marquise,**
    roman.

    Le Régiment d'Irma, roman.

Victor MAUROY : **Satan-Dieu.**

Louis NARQUET : **Probité sentimentale**, roman.

Francesco del SOLE : **L'Hôtel de la Nonciature.**

XXX : **Chez les Pères**, correspondance documentaire.

    Les Jésuites (Idéal et Réalité).

Ouvrages illustrés à **0.95**

Achille ESSEBAC : **Dédé.**

François de NION : **Les derniers Trianons.**

A. TOZZA et A. GIRON : **Louis XV le Bien-Aimé.**

www.ingramcontent.com/pod-product-compliance
Lightning Source LLC
Chambersburg PA
CBHW050501270326
41927CB00009B/1847